백곡 처능과 〈간폐석교소諫廢釋敎疏〉

조선 중기를 가르는 왜란과 호란은 방만한 유교 사회에 불어닥
친 외부적 충격이자 희대의 비극이었다. 전란의 상황에서 국왕
과 유생들이 자신의 안위만을 위해 도망칠 때, 스님들은 승병을
조직해 국가와 민족을 위해 목숨을 바치며 산화하는 의기를 떨
쳤다. 그럼에도 조선은 혼란이 수습되자, 스님들이 위험하다고
판단해 오히려 불교를 말살하려는 움직임을 보인다.
이때 죽음을 각오하고 임금을 정면으로 비판한 8,150자의 상
소 〈간폐석교소〉가 현종에게 올라간다. 왕조 국가에서 국왕에
대한 비판은 유래가 없는 일이며, 그것도 숭유억불의 조선이라
는 점에서 더욱 놀라운 일이 아닐 수 없다. 이렇게 온몸으로 불
교를 지켜낸 숭고한 분, 이분이 바로 위대한 정신의 소유자 백곡
처능이다.

백곡 처능, 조선 불교 철폐에 맞서다

白谷處能

백곡 처능, 조선 불교 철폐에 맞서다

감수해제 벽산 원행 ── 글 자현

조계종
출판사

잊혀서는 안 되는 시대의 불꽃, 백곡 처능

왕조 국가에서 국왕은 절대점에 위치합니다. 이런 국왕을 상대로 비판의 칼날을 겨누며 조선 불교를 지켜내신 분이 바로 승병장인 벽암 각성의 사법제자 백곡 처능입니다. 그러나 백곡의 의기는 한국 불교사에 일대 획을 긋는 사건임에도 어찌 된 일인지 잊히고 말았습니다.

지난 2013년 한양대학교에서 박사학위를 마치는 과정에서, 저는 백곡 스님의 삶과 불교 말살을 막아낸 〈간폐석교소〉를 보며 깊은 감명을 받았습니다. 이것은 시대를 뛰어넘는 불교의 위대한 혼이자, 대장부만이 갈 수 있는 떳떳한 실천행實踐行이었기 때문입니다.

제4차 산업혁명의 일대 전환기 속에서, 한국불교에 가장 필요한 것은 노블레스 오블리주noblesse oblige의 책임의식과 선공후사先 公後私 멸사봉공滅私奉公의 자세가 아닌가 합니다. 이런 점에서 백 곡의 숭고한 실천은 시대를 뛰어넘는 훌륭한 귀감이 될 것입니다.

대한불교조계종 제36대 총무원장

벽산 원행 圓行

여는 글

불교를 넘어서는 방대한 지적 스펙트럼의 세계

원장 스님께서는 총무원장이 되기 전인 2018년 10월, 봉은사에서 나에게 백곡 스님을 알리는 책을 만들어 주었으면 좋겠다는 당부를 하셨다. 그 뒤 열 달여가 흘러 출판 시점에 이르니, 스님께서는 조계종 총무원장으로서 한국불교를 견인하는 위치에 당당히 자리해 계신다. 덕분에 나는 엉겁결에 큰스님과 이름이 함께 쓰이는 영광을 얻게 되었다.

백곡 스님은 백성과 함께 아파하고 시대의 문제에 정면으로 대응한 진정한 수행자였다. 또 그의 〈간폐석교소〉에서 확인되는, 불교를 넘어서는 방대한 지식의 스펙트럼은 공부하는 사람의 지남指南이 되기에 충분하다. 이런 점에서 백곡은 시대를 넘어 오늘의 우리와 한국불교에 의미하는 바가 큰 인물임에 틀림없다.

이 책은 원장 스님의 박사 논문에서 백곡과 관련된 부분을 발췌하여 알기 쉽게 윤문한 것에, 내가 쓴 백곡의 생애와 그의 대표 찬술인 〈간폐석교소〉를 현대적으로 번역한 내용의 총 세 부분으로 되어 있다. 이 책을 통해서 한국불교가 의식을 환기하고 각성하여, 사회를 밝히고 맑히는 최고의 실천종교가 되기를 부처님께 기원해본다.

중앙승가대학교 교정에서 아소카 석주를 바라보며

자현 幻

차례

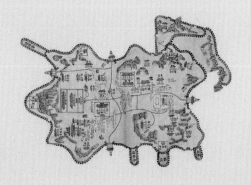

척불 정책에 대한
논리적 반박, 〈간폐석교소〉

벽산 원행

1
백곡의 생애와
〈간폐석교소〉를
저술한 동기

조선 초인 태종 대부터 본격적으로 시작된 불교 탄압 정책은 조선 중기로 오면서 더욱 심해진다. 세조의 돈독한 신심과 불교를 옹호하기 위한 노력이 있기는 했지만, 세조의 죽음 이후 불교를 탄압하려는 시도는 더욱 격렬해졌다. 당시 유생들의 상소에 실려 있는 표현 그대로 불교의 뿌리를 뽑기 위해 온갖 행태가 자행되었다.

그 결과 연산군·중종 대에 이르면 그나마 남아 있던 선종과 교종 두 종파마저 모두 없어졌으며, 조선 초기 이래로 실시해 오던 승과고시 제도마저 철폐된다. 이로써 승려가 될 수 있는 길은 차단되고, 승려의 신분을 인정하는 제도마저 모두 폐지되는 등 노골적인 폐불 정책이 시행되었다. 당시 이미 조선의 승려들은 도성 출입을 금지당하

양주 회암사지 전경

문정왕후는 1562년 중수불사를 마친 회암사의 낙성식에 맞춰 명종의 병세 회복과
세자 탄생을 기원하며 석가모니불·미륵불·아미타불·약사불의 화상을 각각 금화로
50점, 채색화로 50점씩 제작하도록 하였다. 이 불화는 문정황후의 발원으로 조성된
400점 불화 중 하나이다.

는 등 심한 신분적 차별을 받고 있었다. 더 이상 불교의 소생을 기대하기 어려울 정도로 암담한 상황이었다.

문정왕후의 불교 중흥 정책

하지만 문정왕후文定王后(1501~1565)의 등장으로 새로운 국면이 펼쳐진다. 조선 제11대 왕 중종의 계비繼妃인 문정왕후는, 중종 비 신씨가 즉위 직후 폐위되고 제1계비 장경왕후章敬王后 윤씨가 인종仁宗을 낳은 뒤 사망하자, 1517년 왕비에 책봉된다. 야심 많고 적극적인 성격으로 알려진 문정왕후는 아들 명종이 열두 살의 어린 나이에 즉위하자, 수렴청정을 하면서 당시의 정치를 이끌었다.

신심이 매우 깊었던 문정왕후는 허응당虛應堂 보우普雨 대사와 함께 선종과 교종을 부활한다. 그리고 승과와 도첩제를 실시하여 선종과 교종 양쪽에 각각 30명의 승려를 뽑고, 전국 300여 개의 절을 공인하는 등 과감한 불교 중흥 정책을 전개한다. 또한 양주 회암사檜巖寺에 있던 승려 보우를 맞아들여 봉은사奉恩寺 주지로 임명했으며, 훗날 중종과 함께 묻힐 마음으로 서삼릉에 있던 중종의 능을 봉은사 인근인 정릉으로 이장하기도 했다.

문정왕후의 이러한 노력 덕분에 불교 교단은 활기를 띠기 시작했고, 인재들이 모여들었다. 이때에 실시한 승과를 통해 대두한 인물

허응당 보우 진영

들이 청허당淸虛堂 휴정休靜과 사명당四溟堂 유정惟政, 그리고 뇌묵당
雷默堂 처영處英 등이다. 휴정과 유정은 서산대사와 사명대사로 워낙
유명한 인물들이고, 처영 대사는 서산 대사가 팔도의 승려들에게 격
문을 보내 궐기할 것을 호소하자 김제 금산사에서 의승병 1,200여
명을 일으킨 인물이다. 처영 대사는 이들을 이끌고 권율權慄 장군을
도와 행주대첩과 대둔산 이치대첩에 큰 기여를 했다.

　이렇게 서산 대사와 사명 대사, 처영 대사를 일컬어 '구국삼화상救
國三和尙'이라고 한다. 이들이 없었다면, 임진왜란과 정유재란 때 누가 승병들을 지휘할 수 있었으며, 권율 장군의 행주대첩과 이순신李舜臣 장군의 수군들을 도와서 사직을 보존시킬 수 있었겠는가?

그러나 당시 유생들은 문정왕후의 불교 중흥 노력에 격렬하게 반발했다. 각지에서 보우를 타도하라는 상소와 승과를 폐지하라는 상소가 빗발쳤다. 보우를 죽여야 한다는 상소를 올리다 못해 성균관 유생들이 성균관을 비우는 집단 시위를 벌이기도 했다. 이러한 반발에도 불구하고 문정왕후는 불교 중흥 정책을 중단하지 않았으며, 왕후의 지원을 받은 보우는 선종과 교종을 모두 아우르는 최고의 직책인 양종 판사의 자리에 올랐다.

그러다 1565년(명종 20년) 문정왕후가 승하하자, 성난 유생들은 집단행동에 돌입했다. 명종 역시 불교를 중흥하라는 문정왕후의 유언을 무시하고 보우를 구금했다. 그러자 전국에서 보우를 처형하라는 여론이 더욱 빗발치기 시작했다. 율곡 이이李珥 등이 이를 만류했으나, 명종은 보우를 제주도로 유배 보내게 된다. 결국 보우는 그곳에서 험악한 여론을 살피던 제주목사 변협邊協에 의해 순교하고 만다.

다시 시작된 탄압과 우울한 나날

문정왕후 덕분에 잠시나마 부흥의 빛을 보였던 불교계의 고승들은 유생들의 탄압에 다시금 산속으로 들어가야 했다. 하지만 얼마

뒤 발생한 임진왜란과 병자호란 때에 이들은 승병이 되어 나라와 백성들의 어려움을 구하는 데에 앞장섰다. 덕분에 임진왜란 이후 승려들의 사회적 지위는 다소 나아졌지만, 위정자 및 유생들의 부당한 핍박과 시달림은 계속되었다. 남한산성과 북한산성을 비롯한 주요 산성을 쌓고 지키는 일을 모두 승려에게 맡겼고, 관가와 유생들에게 종이와 기름, 신발 등을 만들어 바치게 했으며, 그 밖에 잡역도 부가되었다.

특히 현종은 즉위(1659년)와 동시에 양민이 출가하여 비구나 비구니가 되는 것을 금했고, 이미 비구나 비구니가 된 사람들도 환속할 것을 명령했다. 또 서울의 비구니 사찰인 자수원慈壽院과 인수원仁壽院을 철폐하고, 거기에 모셨던 여러 선왕의 위패를 땅에 묻어버렸으며, 사찰 소속의 노비와 밭은 모두 몰수했다.

조선 후기의 상황도 별반 다르지 않았다. 1749년(영조 25년)에는 영조가 승려의 도성 출입을 금했다. 정조는 불교를 신봉하면서 불교를 옹호하는 몇 가지 조처를 취했으나, 그의 신앙은 개인적인 차원에 머물렀다. 다른 왕족, 왕가 주변 사람들의 불교 신앙도 이런 수준을 크게 벗어나지 못했다.

승려들은 이러한 정치적·사회적 환경 속에서 자연히 은둔적인 삶을 택하거나, 주변 환경에 적절히 대처하는 순응적 자세를 보이게 된다.

가혹한 탄압에 정면으로 반박한 백곡

이와 같은 가혹한 불교 탄압 속에서 정면으로 자신의 뜻을 밝혔던 승려가 바로 백곡 처능白谷處能(1617~1680)이다. 백곡은 현종이 불교를 탄압하자 그에 항의하는 장문의 상소문을 올려 조선왕조 척불 정책과 배불사상의 잘못된 부분을 바로잡고자 했다. 이 탄원 형식의 상소문을 〈간폐석교소諫廢釋敎疏〉라 한다. 〈간폐석교소〉는 조선 시대 모든 상소문 중 가장 분량이 많은 것으로, 현종의 불교 박해를 완화하는 계기가 되었다.

당시 가혹했던 배불 정책에 대해 공식적으로 그 잘못을 지적하고 바로잡기를 촉구했던 유일한 승려로 기록되고 있는 백곡 처능이지만, 그의 생애에 대한 기록은 제대로 전해지지 않는다. 그의 유문집인 《대각등계집大覺登階集》과 《백곡선사탑명白谷禪師塔銘》, 이 탑명을 쓴 최석정崔錫鼎의 《명곡집明谷集》 등에서 확인되는 단편적인 기록들을 통해 그의 행장을 일부나마 살펴볼 수 있는 정도이다.

이 글들을 통해 분명히 알 수 있는 것은, 그의 시적 재능이 무척 뛰어났다는 것이다. 당시 걸출한 선배들의 아낌없는 사랑과 칭찬을 받았음은 물론, 효종 역시 세자로 있을 때 백곡의 글재주가 높은 경지에 있음을 극찬할 정도로 시에 대한 그의 재주는 탁월했다.

백곡은 1617년(광해군 9년)에 태어났다. 숭유배불 정책으로 인해 불교가 겨우 그 명맥을 유지해 가던 무렵이다. 그의 속성은 김金씨이고 법명은 처능, 백곡은 그의 법호이다. 열두 살에 의현義賢에게 글을 배우다가 불경을 읽고 그 깊은 이치에 감동하여 출가를 결심했다고 한다. 이후 열다섯 살에 출가하여 속리산에서 2~3년 동안 불법을 배웠다. 그러다 열일곱 무렵 서울에 올라간 백곡은 잠시 시문과 유학에 전념했다. 주로 동애東涯 신익성申翊聖(1588~1644)의 집에 머물면서, 유교 경전과 역사책들을 읽고 시문을 체계적으로 배워 사대부들과 함께 교류할 정도가 되었다. 신익성은 선조의 부마駙馬이자 병자호란 때 척화오신斥和五臣의 한 사람이기도 한 뛰어난 인물이었다.

하지만 신익성의 집에서 4년을 지낸 어느 날, 백곡은 문득 경서나 역사에 대한 지식 또는 뛰어난 문장 같은 것들이 하잘것없는 것임을 깨닫고, 지리산 쌍계사의 벽암 각성碧岩覺性(1575~1660)을 찾아가 그의 법제자가 된다. 벽암 각성은 한국 불교계에 큰 영향을 미쳤던 고승 부휴 선수浮休善修(1543~1615)의 600여 제자 가운데 가장 뛰어난 인물이다.

벽암 각성 문하에서 20여 년간 수학한 백곡은 수선修禪과 경전을 익혀 스승의 의발衣鉢(가사와 바릿대)을 전수 받았다. 불교에서 의발을 전수 받았다는 말은 스승의 법을 이어받았다는 의미이다. 이후 백곡은 얼마동안 남북을 오가는 운수행각을 하며 속리산·성주산·

벽암 선사 진영

청룡산·계룡산 등지에서 산림법회를 열어 후학들을 지도하고 불법을 전하는 활동에 전념했다. 그다음에는 서울 근교의 산사에 머물다가, 1670년(현종 11년) 스승 벽암 각성이 정비한 남한산성도총섭이 되어 남한산성에 있었으나 3개월이 채 못 되어 사임했다.

그가 가장 오래 머물렀던 사찰은 대둔산의 안심사安心寺였으며, 1680년(숙종 6년) 봄에 모악산 금산사母岳山 金山寺에서 큰 법회를 열고, 그해 7월 30일 예순네 살의 나이로 세상을 떠났다.

대둔산 안심사

모악산 금산사

백곡이 〈간폐석교소〉를 저술한 동기

백곡은 많은 사례와 경전 등을 근거로 하여 불교를 배척하는 것이 옳지 않음을 주장한 조선 초기의 함허 득통涵虛得通(1376~1433) 선사에 이어, 8,150자에 달하는 장문으로 된 〈간폐석교소〉를 지어 당시 가혹했던 배불 정책에 대해 공식적으로 그 부당함을 지적하고 바로잡아 줄 것을 간청했다. 백곡은 이 글을 통해 불교를 비판하는 근거가 논리적 타당성을 갖추지 못하고 있다고 조목조목 대응했다.

그러면 백곡이 이와 같은 장문의 〈간폐석교소〉를 제출한 동기는 무엇일까?

물론 그 동기는 한마디로 당시에 갑자기 시작된 극심한 배불 정책이라고 할 수 있다. 그러나 그가 절박한 마음으로 붓을 들 수밖에 없었던 직접적 계기도 몇 가지 있다. 우선 백곡 자신이 밝히고 있듯이, 현종이 즉위하자 양민이 출가하는 것을 법으로 금지하고, 비구나 비구니가 된 자는 모두 환속시켜 그것을 어기는 자는 벌을 받도록 하는 조치를 취했기 때문이다.

또한 그 이듬해 정월에는 부제학 유계兪棨가 상소를 올려 이단을 척결하는 의지를 보여주어야 한다고 주장하자, 현종이 그 건의를 받아들여 도성 안에 있던 자수원慈壽院과 인수원仁壽院의 혁파를 명령했다는 것도 직접 계기가 되었다. 자수원과 인수원은 비구니 스님들이 머무르던 서울 안의 대표적인 사찰이다. 이중 자수원은 문종이 세종의 후궁들을 살게 하기 위해 만든 자수궁에서 시작한다. 후에 자수궁이 사찰인 자수원으로 바뀌게 되는데, 한때는 5,000명의 비구니들이 살았던 대찰이었다. 현종이 이를 없애면서 40세 이하의 비구니는 모두 환속시켜 혼인하게 하고, 나머지 연로한 비구니들은 도성 밖으로 내쫓아버렸다.

마지막으로, 《현종실록》에 따르면 자수원에 봉안되어 있던 여러 성인의 위패를 땅에 묻도록 했다는 사실과 선교 양종禪教兩宗의 수사찰首寺刹이었던 봉은사와 봉선사까지도 철폐하여 승려들을 환속시키고 불교를 무너뜨리려 했던 정황이 백곡을 자극했기 때문이다.

이와 같은 당시 불교계의 절박한 현실 문제가 상소의 직접 동기가 되었지만, 근본적으로는 도첩제와 승과제의 폐지 등 가혹한 척불시책에 대한 부당함이 백곡으로 하여금 〈간폐석교소〉를 쓰게 했다고 할 수 있다.

하지만 또 다른 측면도 고려해봐야 한다. 당시 사회의 어떤 변화와 상황이 백곡으로 하여금 분연히 임금을 대상으로 상소의 글을 짓게 했던 것일까? 그것은 임진왜란과 정유재란 그리고 병자호란의 과정과 그 후 승려들의 국가적 기여와 무관하지 않다. 즉 양란의 과정에서 의승군의 활동, 그리고 전국 중요한 군사 요충지에 성을 쌓고 전후 복구 사업에 참여한 국가적 기여는 실로 대단한 것이어서, 불교에 대한 인식을 새롭게 하는 계기가 되기에 충분했다.

그럼에도 불구하고 현종의 강력한 척불 정책이 실시되자, 백곡은 역대의 수많은 상소문 중에서도 그 유례를 찾아보기 어려운 8,150자에 이르는 장문으로 〈간폐석교소〉를 작성하기에 이른다. 백곡은 무엇보다도 승려를 말살하려는 현종의 정책에 대해서 도저히 이해가 되지 않는다고 다음과 같이 간절하게 상소하고 있다.

삼가 승정원에서 반포한 의결 사항을 보고 엎드려 성지聖旨를 받잡건대, 승려를 모두 말살하기 위해 비구니(여자스님)는 환속시키고 비구(남자스님)도 역시 없애기로 의논이 되었다 하옵니다. 신은 실로 우둔하여 전하께서 무엇을 생각하시는지 엿보지 못하겠습니다.

謹因朝報 伏奉聖旨 遂令僧尼 幷從沙汰 尼已還俗 僧亦議廢 臣實闇斷 未窺聖慮之何謂也

인용문에서 보듯, 백곡이 상소를 하게 된 직접적 동기는 비구와 비구니를 없애려 하는 움직임에 대해 반발이라는 것을 알 수 있다.

불교가 조선의 개국과 함께 정치의 중심에서 밀려나기 시작했고, 또한 정도전을 비롯한 개국공신들에 의해 배척의 대상이 되었던 것도 사실이다. 하지만 불교를 말살할 정도로 강하게 압박하지는 않았다. 더욱이 임진왜란과 정유재란, 병자호란을 거치면서 불교에 대한

송시열

인식이 변하기 시작했으며, 인조와 효종의 시대에는 특별한 억불 정책을 찾아볼 수 없었다. 이런 사실을 고려하면 현종 시대의 지나친 억불 정책은 다분히 의외라고 할 수 있다. 현종 시대에 무슨 일이 있었던 것일까?

백곡이 활동했던 조선 중기는 사림의 시대라 불릴 정도로 지역과 당파, 학파를 중심으로 형성된 다양한 사림이 등장하던 때였다. 당시 사림의 수장이었던 송시열宋時烈 계열에 권력이 집중되면서 폐불

성균관 비천당

론이 설득력을 얻게 된 것이다.

1661년(현종 2년) 송시열과 함께 사림을 이끌던 송준길宋浚吉은 자수원과 인수원에서 나온 목재를 봉은사에 주지 말라고 하면서, 자수원 터에 유학자를 양성하는 북학北學을 창건하자고 현종에게 건의했다. 그리고 2년 뒤 자수원과 인수원에서 나온 재목은 성균관 서쪽에 비천당丕闡堂을 비롯해 일량재一兩齋와 벽입재闢入齋를 건축하는데 사용됐다. 모두 유교와 관련된 건물들이다. 현종 시대 정치권에 폐불의 분위기가 얼마나 심각했는지 짐작해볼 수 있는 대목이다.

백곡의 〈간폐석교소〉가 우리의 주목을 끄는 것은 불교에 대한 정치적·사회적 분위기가 살기를 드리울 정도로 경색되어 있던 시기에 유학자들의 맹목적인 불교 비판에 맞서 논리적으로 반박했다는 점이다. 〈간폐석교소〉가 제기된 시대적 배경을 참고로 유학자들의 불교 비판에 대한 백곡의 반박을 하나하나 꼼꼼히 살펴보고자 하는 것은 바로 이 때문이다.

2

〈간폐석교소〉의
내용과 의의

　〈간폐석교소〉의 핵심 내용은 크게 두 가지로 요약할 수 있다. 첫째, 폐불의 이유로 추정되는 여섯 가지 주장에 대한 반박이다. 둘째, 불교의 무용론에 대한 반박이다. 전자나 후자 모두 여섯 가지 조항으로 구성되어 있으며, 주로 폐불의 이유로 거론되고 있는 것에 대한 백곡의 반박이 핵심을 이룬다.

　앞에서 언급했듯이 1661년(현종 2년)에 올린 백곡의 〈간폐석교소〉는 8,150자에 이르는 전무후무한 장문의 상소문이다. 여기에서 백곡은 국왕에게 폐불 정책이 잘못임을 주장하며, 그것을 바로잡을 것을 간청하고 있다. 즉 백곡은 '불교가 인도에서 생긴 것이라는 점', '윤회를 주장한다는 점', '농사를 짓지 않으며 재물을 소모한다는 점'

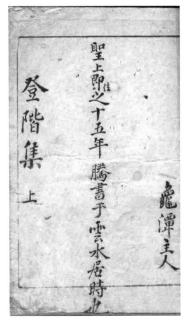

《대각등계집》

등의 여섯 가지 이유 때문에 왕이 불교를 말살하는 정책을 펴고 있음에 주목하고, 많은 사례와 경전 등에 근거하여 그것이 잘못임을 조목조목 반박했다. 불교를 배척하는 것이 부당함을 폭넓은 사례와 해박한 지식으로 논리정연하게 역설하여 위정자들의 시정을 촉구하고 있는 것이다.

백곡은 먼저 부처님의 탄생과 열반 그리고 불교가 중국에 전해지고 널리 알려지게 된 역사에 대해 간단히 서술하는 것으로 글을 시작한다. 그러고 나서 본론에 들어가 우리나라에서 불교를 배척하는 근거를 6개항으로 간결하게 정리한다.

첫째, 불교가 중국이 아닌 다른 지역에서 발생한 것이고, 둘째, 중국의 고대시대인 삼대 후에 출현하여 상고上古의 법이 아니며, 셋째, 인과응보의 그릇된 견해로서 윤회를 퍼뜨리고, 넷째, 농사를 짓지 않고 재물을 소모하며, 다섯째, 머리를 깎고 범법에 걸려 국가질서를 어지럽히고, 여섯째, 요역徭役을 기피하여 병역에 손실이 있기 때문에 불교를 말살하려 한다는 것이다.

이후 자신이 가정한 이 여섯 가지의 이유로 불교를 멀리하는 것이 왜 부당한지에 대해 많은 사례와 경전 등에 근거하여 일일이 논증하고 있다. 그런데 대체로 이들 여섯 가지 이유는 불교의 철학적 교리보다는 현실적인 면을 강조한 내용들이다.

이후 백곡은 숭불과 억불에 대한 중국의 사례를 들어 불교를 배척하는 위정자들의 주의를 환기시키는가 하면, 우리나라로 눈을 돌려 불교를 중시했던 삼국과 고려의 정책이 국가 통치에 유해하지 않았음을 언급하고 있다. 그뿐 아니라 태조 이래 조선의 역대 왕이 실질적으로는 불교를 숭상하였음을 예를 들어 보임으로써, 당시 국왕 현종에게 거듭 불교의 무해성을 강조하고 불교의 이로움을 강력하게 천명했다. 특히 풍수지리설을 믿던 당시에 땅의 기운이 약해질 때 산천의 중요한 곳에 사탑을 세워 약해진 기운을 보완한다는 도선

도선 국사 진영

道詵(827~898)의 '비보사탑설裨補寺塔說'을 호소력 있게 강조함으로써 거듭 불교의 이점을 강조했다. 끝으로 상소의 궁극적 목적인 자수원과 인수원을 복구하고 봉은사와 봉선사를 훼손하지 말아야 한다는 데 초점을 맞추면서, 폐불훼석廢佛毀釋(불교와 관련된 것들을 훼손하는 행위)의 부당함을 주장하는 것으로 〈간폐석교소〉의 결론 부분을 마무리하고 있다.

폐불의 여섯 가지 이유에 대해 백곡이 주장한 반론은 다음과 같다.

1) 이방역異邦域 문제
: 불교가 중국에서 발생하지 않았기 때문에
   폐지해야 한다는 주장에 대하여

이방역 문제는 불교가 중국에서 발생한 종교가 아니고 이방異邦, 그러니까 다른 지역에서 생긴 것이기 때문에 폐지해야 한다는 주장을 말한다. 백곡은 〈간폐석교소〉에서 이방역 주장에 대해 세 가지 관점에서 부당함을 주장하고 있다.

전하께서 방역邦域이 다르다고 해서 불교를 폐지하려고 하십니까? 만일 그렇다면 성인인 공자의 수레는 노나라에만 그치고 구태여 진나라와 채나라까지 돌지 않았을 것이요, 현인인 맹자의 혀는 추나라에만 간직되고 구태여 제나라와 양나라에서 놀리지 않았을 것입니다. 그것은 마치 조씨의 구슬이 진나라의 성城하고 바꿀 만한 가치가 있는 것이 아니고, 수후의 구슬을 위나라에 비추어 자랑할 것도 아닌 것과 같습니다.

순임금이 동이에서 나고 우임금이 서강西羌에서 났다고 성인이 아니라고 한다면, 중국에서 태어난 걸왕과 주왕을 성인이라고 하겠습니까? 유여가 서쪽 오랑캐 땅에서 태어나고 계찰이 남쪽 오랑캐 땅에서 태어났다고 현인이 아니라고 한다면, 중국에서 태어난 도척과 장교를 현인이라 하겠습니까? 그러므로 공자는 구이에 살고자 하였고, 중국 사람들은 삼한에 태어나길 원했습니다. 하물며 배와 수레가 서로 통하고 비와 이슬을 같이 받으며, 오랑캐와 중국 민족이 경계를 서로 맞대고 안팎의 성인이 다르지 않은 경우는 두말할 나위가 없지 않겠습니까!······ 이것이 방역邦域이 다르다고 해서 불교를 폐廢할 수 없는 첫 번째 이유입니다.

殿下若曰 有異邦域而廢之 則孔聖之轍 止於魯而不必還於陳蔡 孟賢之舌 藏於鄒而不必棹於齊梁 其猶趙璧 不得連城於秦價 隋珠不能照乘於魏誇 豈以舜生於東夷 禹出於西羌 爲不聖 而聖中國之桀紂乎 豈以由余生於戎 季札出於蠻 爲不賢 而賢中國之跖蹻乎 是以魯叟 欲居九夷 華人願生三韓 況舟車所通 雨露所同 夷夏之境相接內外之聖不殊······ 此不可以有異邦域而廢者一也

첫째, 중국 사람이라고 다 우수한 것은 아니며, 오랑캐 중에도 우수한 자가 있다. 둘째, 사상의 탄생지보다는 사상의 내용이 중요하다. 셋째, 중국이 중심이고 나머지 지역이 변방이라는 주장은 부당하다.

백곡의 이러한 주장은 오늘날의 시점에서 본다면 상당한 설득력을 지닌다. 하지만 당시 유학자들의 눈에 이러한 논리가 타당하게 비쳤을 리 만무하다. 이는 성리학이 지니고 있는 사상적 독선을 고려한다면 매우 위험한 주장이다. 그럼에도 탄생지가 사상이나 현자를 판단하는 기준의 틀이 되어선 안 된다고 주장한 것은 백곡의 올곧은 면모를 잘 보여준다.

　사실 이방역 문제는 오래전부터 제기되어온 문제로 중국에서는 '이하론夷夏論'(오랑캐와 중화에 대한 변론)으로 알려져 있다. 남북조 시대의 제왕들이 불교를 후원하면서 많은 중국인들이 불교에 귀의하자 토착 종교인 유교와 도교의 저항이 시작되었다. 저항은 두 가지 형태로 나타났다. 북방에서는 폐불이라는 박해가 일어난 반면에, 남방에서는 우열을 따지는 설전의 형태로 진행되었다. 이러한 우열 논쟁은 많은 관련 저술을 낳게 되는데, 그 중심에 중화中華가 오랑캐인 부처님을 예배하는 것에 대한 부조리를 역설하는 〈이하론夷夏論〉도 있다.

　〈이하론〉을 최초로 전개한 사람은 왕도로 알려져 있으며, 이런 주장들을 종합하여 정리한 저서가 고환顧歡의 〈이하론〉이다.* 이 책의 핵심 내용은 중국의 민족 관념에 기대어 불교가 중국에 전파되는 것이 옳지 않다고 주장하는 것이다. 즉 불교는 이민족의 종교이기 때

---

* 《남제서》〈고환전〉에 실려 있다. 송나라 명제 태시泰始 3년(467년) 고환이 〈이하론〉을 지어 도교의 입장에서 불교를 배척한 데 대해, 많은 사람들이 도교와 불교가 같은 뜻이라고 반박하였다고 한다. 지금으로서는 이러한 반발 역시 이해하기 쉽지 않다. 당시는 불교가 전래한 지 오래지 않아서 도교나 도가의 용어들을 불교에서 차용해 사용했기 때문에 이 같은 측면이 발생한 것이다.

문에 중국의 종교보다 하등하며, 그렇기 때문에 수용할 수 없다는 논리이다. 〈이하론〉에서는 "불교가 오랑캐의 땅에서 시작되었으니, 그것은 오랑캐의 풍습이 원래 악해서가 아닌가? 도교는 중국에서 시작되었으니, 그것은 중국의 풍습이 원래 선해서가 아닌가?"라고 말하며 "불교는 중국인을 위한 길이 아니고, 도교는 오랑캐를 위한 가르침이 아니다"고 주장했다.

또한 남제 시대의 도사가 지은 〈삼파론三破論〉에서는 불교에 대해 "나라에 들어가면 나라를 파괴하고, 가정에 들어가면 가정을 파괴하며, 자신에게 들어가면 자신을 파괴한다"고 하면서 오랑캐는 "고집이 세며 사납고 예의가 없어서 금수와 다르지 않다(入國破國, 入家破家, 入身破身,…… 胡人 剛强無禮 不異禽獸)"고 주장했다.

이러한 주장의 이면에는 중국 문화의 우월함과 중국 민족의 우수성을 중심으로 세계를 진단하려는 중화주의가 자리 잡고 있다. 고대부터 중국인들은 중국이 세계 문명의 중심이며 주변의 이 민족을 오랑캐로 폄하하며 문명이 열등하다고 생각했다. 중국인들과 달리 변방의 민족은 품성이 사악하고 거칠며, 풍속도 반인륜적이라 고칠 수 없다는 것이다. 중국 이외의 다른 지역 백성도 모두 성품이 있으나 변화시킬 수 없다는 고질적 우월감을 가지고 있었던 셈이다. 때문에 "오랑캐에게는 설사 군주가 있다고 하더라도 중국에 군주가 없는 것만 못하다(孔子曰 夷狄之有君 不如諸夏之亡也)"《논어》〈팔일八佾〉에 나오는 말임)고 하였으며, 중국의 방식으로 오랑캐를 변화시켰다는 소리는 들었지만 오랑캐의 방식으로 중국을 변화시킨다는 소리를 들은 적이 없다고 하였다.

이러한 중화의식 속에서 외래 사상과 종교를 경시하던 중국인들은 불교에 대해 극단적인 적의를 표출했고 논증할 수 없는 모함을 펼쳐내곤 했다. 그들은 한결같이 중화주의에 치우쳐 진리의 보편성이나 논리적 명증성을 추구하지 못했던 것이다. 이에 불교도들은 유교나 도교의 기득권을 인정하려는 태도 위에서 진리의 보편성을 강조했다.

5세기 후반에 활동한 심약沈約은 〈균성론均性論〉에서 "중국이나 중국 밖의 성인은 의리(이치)가 모두 균일하다(內聖外聖義均理一)"고 말했다. 또한 북주시대의 명징군明徵君은 〈이하론〉의 잘못을 교정하고자 〈정이교론正二敎論〉을 지어 "성인의 교화는 장소를 가리지 않는데, 다만 인간과 하늘이 어긋나 응하지 않을 뿐이다. 미묘한 교화는 내외가 없는데 어찌 중화와 오랑캐로 차별할 것인가? 이것은 있음으로 설법하되 모든 중생이 균등하게 깨닫는 것이니 어찌 오랑캐와 중화로 가를 것인가?"라고 말하며, 중화중심주의에서 벗어나 보편적인 가치관을 갖자고 역설했다.

중요한 것은 백곡 역시 이러한 논리의 연장선상에 있다는 점이다. 〈간폐석교소〉에서 인용하고 있는 "순임금이 동이에서 나고 우임금

순임금 ▲
우임금 ▶

이. 서강에서 났다고 성인이 아니라고 한다면, 중국에서 태어난 걸왕
과 주왕을 성인이라고 하겠습니까? 유여가 서쪽 오랑캐 땅에서 태
어나고 계찰이 남쪽 오랑캐 땅에서 태어났다고 현인이 아니라고 한

다면, 중국에서 태어난 도척과 장교를 현인이라 하겠습니까?"라는 구절은 《광홍명집廣弘明集》 6권 변혹편 여섯 번째 채모蔡謨에 나오는 이야기와 14권 변혹편의 '혹불출서호惑佛出西胡'라는 구절과 비슷한 면을 보인다.

순임금과 우임금은 대표적인 성인이지만 중국 출생이 아니고, 하나라를 망하게 한 걸왕과 상나라의 마지막 왕인 주왕은 폭군의 전형이지만 중국 출생이다. 또한 유여와 계찰은 성인이지만 오랑캐의 땅에서 태어났고, 포악하고 잔인했다는 도척과 장교는 중국에서 태어났다.

이방역에 대한 백곡의 반론은 조선 초기에 유교와 불교의 가치관을 비교해 저술한 《유석질의론儒釋質疑論》*에서, 발생 장소로 도의 참됨과 그릇됨을 나누어서는 안 된다고 한 주장과도 유사하다. 이는 곧 불교가 오랑캐의 가르침이라는 배불이론은 편견에 얽매인 것이라며, 그 부당함을 지적한 호불론과 맥락을 같이하는 것이다.

---

* 《현정론》과 더불어 함허 득통의 저술이라고 하나 분명하지는 않다.

2) 수시대殊時代의 문제
: 불교가 중국의 태평성대인 상고시대에 발생하지
  않았기 때문에 폐지해야 한다는 주장에 대하여

발생한 시대의 문제가 불교를 배척하는 논리적 근거가 된 이유는
무엇인가?

중국인들의 상고주의上古主義 역사의식에서는 요·순·우·탕·문
무·주공이 절대적 지지를 받는 성인으로 일컬어진다. 중국 신화에
나오는 전설적인 임금인 요임금과 순임금 그리고 하나라를 세운 우
왕, 상나라를 세운 탕왕, 주나라의 문왕과 무왕, 무왕의 동생이었던
주공이 그들이다. 이들은 하늘의 뜻을 받들어 이 세상을 가장 이상
적으로 다스렸다고 전해진다.

그런데 부처님께서는 중국의 상고시대에 출현한 성인이 아니다.
따라서 부처님의 가르침은 잘못된 것이며 배척되어야 한다고 폐
불론자들은 주장한다.

이처럼 시대의 문제가 핵심 쟁점으로 떠오른 원인은 감계주의感係
主義와 상고주의尚古主義 그리고 순환론적 역사관을 지니고 있는 중
국인들의 문화적 특성에서 찾을 수 있다.

감계주의란, "역사적 사실은 역사가의 선택을 거쳐 역사 서술로
나타나는 것이기 때문에 역사가의 선택에 가치 판단 또는 도덕적 판

주 문왕

단이 수반되기 마련이다. 그러므로 역사 속에서 규범을 찾아 그것을 거울로 삼아 인간의 행동을 비추어 보려고 하는 도덕주의적 경향을 나타내는 것"이라고 정의된다. 이러한 감계사관은 객관적 역사 법칙을 찾아내는 데 실패했으며, 유교의 도덕 중시 사상과 결부되어 유교 사상에 입각한 역사에 따른 '도덕적 심판'만을 반복적으로 되풀이하는 맹점이 있다.

상고주의란, 고대를 존중하는 것으로 가치의 기준을 후대보다 전대에 두는 복고復古 사관을 말한다. 중국 역사관의 중심은 고대에 이상세계가 존재했다는 상고주의가 사고의 원리를 형성하고 있다. 공자의 주나라 초기를 존중하는 관점이나, 맹자의 선왕先王 사상 등이 여기에 해당한다. 이러한 사고의 단점은 역사를 단기적·발전적으로 인식하기보다 반복적·순환적으로 파악한다는 점이다. 이러한 시각에서 중국의 전통적 역사의식과 사상적 경향을 달리하는 불교를 이단이라고 배척하게 되는 것이다. 중국 문화에서 복고주의적 경향이 강한 것은, 오랜 중국의 역사 속에서 불교를 제외하면 고도로 발달한 다른 문화를 접촉할 기회가 적었던 탓이라고 분석하기도 한다.

아울러 순환역사란, 역사의 변천을 발전이라 보지 않고 순환하는 것으로 인식하는 것을 말한다. 《주역》에서 중시하는 역易의 사상이나 하·은·주의 삼대를 존중하는 것은 순환 사관의 표본으로 여겨진다. 이러한 사관은 직선 사관과 대비되는데, 여기에는 발전을 저해하는 부정적인 측면이 존재한다.

이상과 같은 특징을 지니는 유교적 가치관 속에서 중국의 전통주의자들, 즉 유교 또는 도교의 사상가들은 불교가 상고의 법이 아니기 때문에 배척되어야 한다고 주장한다. 조선시대에 들어와 정도전을 비롯한 억불론자들 역시 같은 논리를 내세워 불교를 배척했다.

그렇다면 부처님과 비슷한 시기에 생존했던 공자, 맹자, 노자, 장자 역시 상고인이 아닌 것은 마찬가지가 아닌가? 백곡은 〈간폐석교소〉에서 다음과 같이 반론을 편다.

(상고시대가 무조건 옳다면) 결승結繩의 정치를 구태여 서계書契의 문

서로 대신할 필요가 없고, 나무에 사는 위태함을 집에서 사는 편안함으로 바꿀 필요가 없었을 것입니다. 그것은 겨울 음식이 불편하다고 해서 봄에 밭을 갈아 씨를 뿌리지 않으며, 밤잠이 맞지 않다고 해서 낮부터 마루에 앉아 있는 것과 같습니다. 세 사람의 어진 사람이 나왔는데도 은나라가 망했다고 해서 그들이 충신이 아니라고 한다면 저 상고의 구려九黎를 충신이라 하겠습니까? 십철十哲이 나왔는데도 주나라가 망했다고 해서 그들을 본받을 수 없다면, 저 상고시대의 사흉四凶을 본받겠습니까?

書契之籍 不必代結繩之政 屋宇之安 不必易居巢之危 其猶冬食不宜春畊之粒 夜眠不合晝坐之堂 豈以三仁 出於殷滅 爲不忠 而忠上古之九黎乎 豈以十哲 生於周衰爲不法 而法上古之四凶乎

결승이란, 결승문자로 올바른 문자가 없던 시절에 기록을 위해 새끼줄을 매듭짓던 것을 의미한다. 또한 은나라의 어진 세 사람이란 비간比干, 기자箕子, 미자微子로, 이들이 간언을 했음에도 폭군이었던 주왕은 그 말을 듣지 않아 결국 나라가 망했다. 십철은 공자의 제자 열 명을 말하며, 사흉이란 순임금 때의 네 사람 악인을 의미한다.

위의 인용문은 상고주의의 논리적 모순에 대한 백곡의 반론을 잘 보여준다. 감계주의에 대한 직접적 언급은 없지만, 불교적 세계관으로 사물을 관찰하는 한 역사 속에서 도덕적 판단의 준칙이나 객관적인 역사 법칙을 찾아내기 위해 심혈을 기울이지 않는다는 내용이다. 즉 존재 일반은 무상한 것이기 때문에, 고정된 틀을 지니지 않으며, 역사 또한 마찬가지라고 말할 수 있다.

무상이라는 말은 이 우주에 존재하는 어떤 것도 변하지 않는 것이 없다는 뜻이다. 모든 것은 끊임없이 변화하고 역사 또한 마찬가지다. 그러므로 옛것을 익혀서 새것을 안다는 '온고이지신溫故而知新'은 가능하지만, 그것이 인간의 행동을 규율할 정도의 윤리나 도덕으로 고착화된다면 이는 바로 절대주의적 사고에 빠지고 만다. 이러한 경향은 불교가 지향하는 보편적 가치관이나 상대적 세계관에 배치하는 것이다. 백곡의 상고주의 또는 복고주의에 대한 비판만으로도 이미 유교의 근본적 모순이 무엇인가를 분명히 지적한 것이라 할 수 있다.

백곡은 "모두 때는 다르나 일은 같은 것이며, 시대는 다르나 이치는 하나"라고 말한다. 이는 곧 진리의 보편성, 상대적 특수성을 인정하는 것이 필요함을 역설한 것이다. 혹자는 백곡의 반박 담론이 너무 소극적이라고 비판할 수도 있는데, 그것은 당시 유교의 강력한 세력을 의식하고 화해를 위한 유화적인 관점을 취했기 때문이다.

백곡은 중국 고대의 사상가인 모자牟子의 말을 빌려 "저것도 한때요, 이것도 한때다彼一時也 此一時也"라는 구절을 인용했다. 이것은《맹자》〈공손추〉하下에 나오는 구절로, 상고주의의 한계를 지적하면서

진리의 상대성과 보편성을 나타내는 것으로 해석될 수 있는 표현이
다. 또 모자의 〈이혹론〉에서는 "중국이 반드시 세상의 중심에 자리
잡고 있는 것은 아니다以此觀之 漢地未必爲天中也"라고 직접적으로 중화
주의를 비판하기도 하는데, 백곡 역시 이러한 사상의 영향을 받은
것으로 추정할 수 있다.

3) 무윤회誣輪回의 문제
: 윤회설이 잘못이라는 주장에 대하여

윤회설은 불교가 중국에 전래되어 토착화되는 과정에서, 오랜 기
간 동안 도교나 유교를 신봉하던 보수적인 이들에 의해 곧잘 제기되
던 문제이다. 우리나라에서도 고려 후기의 유학자들 사이에서 논란
의 대상이 되기도 했다.

윤회설과 인과응보설을 체계적으로 비판한 사람은 여말 선초의
상봉 정도전이다. 그의 《불씨잡변佛氏雜辨》 등에 따르면, 정도전은 '정
신이 죽지 않는다는 것'과, '죽은 것이 다시 형체를 받는다는 것'을 인
정하지 않고 있다. 그가 불교의 윤회설을 비판한 이유는 세 가지로
요약된다.

첫째, 중국 철학적인 기론氣論에 입각하여, '정신이란 사람이 태어

날 때 기氣가 모이는 것이며, 죽어서 기가 흩어질 때 함께 사라진다'고 보았다. 그래서 한번 흩어진 기가 다시 원래의 모양으로 형상화될 수는 없다는 것이다. 둘째, 인구의 증가나 곡식의 번식 등을 토대로 윤회론처럼 단순한 반복 구조는 존재할 수 없다고 비판한다. 셋째, 정도전은 사물의 탄생이나 운명에 대해 '은혜를 입으면 갚고 은혜를 베풀면 보답 받는다'는 보응報應 관념을 수용하지 않는다. 그러므로 자연 현상은 하늘의 뜻에 따라 무심하며 음양오행의 작용으로 저절로 그렇게 되는 것일 뿐, 윤회와 같은 일정한 순환론에 의해 결정되는 것은 아니라고 하였다.

정도전의 주장은 기의 화합으로 성립하는 개체들의 존재 방식에 대한 우연론의 주장이다. 물론 이와 함께 개체를 통합하는 전체의 관점에서, 각각의 개체가 실현시켜야 할 본성 또는 도가 존재한다고 보는 본질론인 이理란 개념을 주장한다. 즉 성리학에 입각한 이기이원론理氣二元論인 것이다. 이와 같은 개념에 부여된 본성이란 점 때문에 유학자들은 인간 사회의 도덕 규범이나 자연 세계의 객관적 질서를 주장하게 된다.

이런 점에서 성리학에 입각한 정도전의 사고는 자연 세계가 지니고 있는 작용과 반작용의 법칙을 망각하고 있다. 또 결정론적으로 규정된 이理라는 도덕성을 실현한다는 사유는, 자유 의지의 발로를 막을 뿐만 아니라 사회와 인간의 삶을 경직시키고 사회적 통제와 규율을 요구하는 문제점도 내포한다.

그런데 불교의 인과론의 관점에서 보면, 업業이란 개체적인 신체의 부수적인 현상 또는 기능에 그치는 것이 아니라 그 자체가 다음의 존재를 형성하는 존재론적 힘을 갖는다. 업력業力은 개체가 소멸해도 그 과보가 성숙하여 결정될 때까지 사라지지 않는다. 불교에서는 전생에 지은 업력에 의해 현생에서 그대로 과보를 받게 되는 것을 업보라고 한다. 따라서 윤회를 가능하게 하는 업력은 개체성을 넘어서는 힘이며, 자신의 행위와 그 결과에 대해 자신이 책임지게 되는 윤리성을 지닌다. 여기에는 바로 인간 행위의 역동성과 책임성이 내재되어 있다고 말할 수 있다.

그러나 정도전의 주장은 한 개체의 의지적 작용력은 그 개체의 죽음과 더불어 소멸할 뿐 책임성이 수반되지 않는다. 즉 자유 의지가 부정되는 예정론이나 도덕부정론으로 오인될 여지가 다분히 존재하는 것이다.

〈간폐석교소〉에 나타난 백곡의 사상은 윤회전생설과 인과응보설에 지나치게 치우친 면이 있지만, 업력과 그 과보라는 점에서 윤회설과 인과응보설을 이해하고자 한 흔적이 보인다. 그것은 다음과 같이 말한 대목에서 확인할 수 있다.

당나라 천자의 옥피리는 반드시 도승道僧에 힘입어 전해지지 않았을 것이며, 진나라 도독都督의 금반지는 반드시 이웃집 노파에 의해 얻어지지 않았을 것입니다.[*] 그것은 떨어지는 해가 강에 잠길 때 다시는 내일 뜨지 않을 것이며, 시든 꽃이 언덕에 떨어질 때 반드시 내년 봄에 다시 피지 않을 것이라 생각하는 것과 같습니다. …… 하물며 생사의 얽매임, 화복의 부름과 장수와 단명의 나눔이 정해진 것은 아름다움과 잘못됨의 조짐이 분명한 것이지 않겠습니까?

唐天子之玉簫 不必假道僧而傳 晉都督之金環 不必因隣媼而得 其猶落暉沈江 應無來日之再繼 殘花墜岸 必無明春之重敷 …… 況死生所系 禍福所召 壽夭之分定矣 休垢之徵昭焉

　백곡은 정교한 불교 이론은 아니지만, 다양한 업력의 결과가 다양한 인간 군상과 사회현상을 만들어낸다고 명백히 말하고 있다. 이것은 정도전 이후 지식인 사회에 널리 유행했던 윤회설과 인과응보설의 비판에 대한 입장을 표명한 것이어서, 한결 이채롭고 명징한 주장이라 할 수 있다.

　불교의 윤회론은 무아윤회설이라는 점에서 영혼불멸의 주장은

---

[*] 백곡이 들고 있는 두 가지 예는 재상 집에 윤회해 불국사와 석굴암을 창건하는 김대성처럼, 환생의 결과로 빚어진 사건이다. 그러나 당시에 유행하던 이야기를 대강만 지적한 것이기 때문에 인용문과 같은 짧은 문장만으로는 이해하기가 쉽지 않다.

아니다. 그런데 유교에서는 이를 영혼불멸론으로 오인해 헛된 비판을 하곤 했다. 여기에는 문화와 관념, 풍토와 역사의 차이를 인식하지 못했던 면이 적지 않았다. 또한 불교를 비판하는 유교의 입장은 불교의 교리에 대한 깊은 이해가 선행된 것이 아니라, 유교의 교리 또는 정치적 입장이 보다 강하게 전제되었기 때문에 비판 그 자체에는 한계가 있을 수밖에 없었다.

또 유교나 도가적인 사상으로는 사회적인 불합리나 계급 모순 등 보다 본질적이고 현실적인 문제를 해결할 수 없다는 점에서 염증을 느낀 다수의 백성들은 불교의 윤회설과 인과응보설에 매력을 느꼈다. 하지만 당시 사회의 지식인들, 특히 배불론자들은 이를 올바로 인식하고 체득하지 못했던 것으로 보인다.

4) 모재백耗財帛의 문제
: 승려들이 놀고먹으면서 재물을 소비한다는
비난에 대하여

승려들이 농사를 짓지 않고 놀고먹으면서 재물을 소비한다고 비난하는 것이 모재백의 문제이다. 이것이 문제가 된 것은 고려시대 때 비대해진 사원경제와도 무관하지 않다.

고려시대에 들어와 더욱 불교가 융성해지자 수많은 사찰이 건립되고 승려들이 급증했으며, 사찰은 왕실이나 귀족들의 보호 아래 상당한 토지와 노비들을 소유했다. 사찰이 노비를 소유하고 이익을 추구하는 행위, 그리고 각종 불교 행사에 나랏돈을 쓰는 행위 등은 사찰의 세금을 면제해주는 것과 함께 국가의 재정을 위태롭게 했다. 또한 승려의 수가 너무 많아 노동 인력이 줄어들었고, 군역이나 부역 자원을 소진시켰기 때문에 고려 말이 되면 신진사대부들을 중심으로 불교에 대한 노골적 불만과 비판이 시작된다.

하지만 불교계는 자정 운동을 통한 효율적인 교단 관리나 시대적 요구에 능동적으로 대처하는 모습을 보여주지 못했다. 따라서 유학자들과 정치 관료들은 "승려들은 생업에 종사하지 않으면서 재물만 소비한다"는 주장을 하게 되며, 결국 승려의 존재를 인정하지 않고 나아가서는 불교 자체를 폐지하려는 기도로까지 발전했다.

이 문제는 고려 이후 조선시대에 정치적으로 더욱 공세가 심해졌으며, 특히 폐불의 논거 중 하나가 된다는 점에서 불교를 옹호하는 사람들의 관심사가 아닐 수 없었다. 이런 시점에서 백곡의 논리는 육체적 노동과 정신적 노동을 구분하지 못하는 유생들의 사고에 직설적인 화법으로 반박한다.

공자가 늙은 농부보다 농사짓는 법에 통달하지 못했다고 농사짓는 법을 물은 번지樊遲를 통달했다고 하겠습니까? 맹자가 농부의 부양을 받는다고 해서 검박하지 않다고 한다면 몸소 신발을 만들어 신는 허행許行을 검박하다고 하겠습니까? 벼슬자리에 나가 일하는 사람이 반드시 농사를 지어 밥을 먹는 것이 아니며, 안방에 깊이 사는 사람들 모두가 반드시 길쌈하여 옷을 지어 입는 것이 아닙니다.

豈以孔丘不如老農爲不達 而達問稼之樊須乎 豈以孟軻養於野人爲不儉 而儉捆履之許行乎 是出出遊闒閬者 不必皆耘耔而糊口 深居閨室者 不必皆績紡而遮身

이것은 공자와 맹자의 예를 든 경우이다.

나아가 백곡은 "순임금은 역산에서 쟁기를 잡을 일이지 왜 남면하여 임금이 되었으며, 이윤伊尹은 신야莘野에서 칼을 휘두를 일이지 왜 북면하여 신하가 되었겠습니까? 그것은 노나라 음식은 기나라 사람의 구미에는 맞지 않고, 월나라의 구운 고기는 진나라 사람의 구미에 맞지 않는 것과 같습니다(舜虞操耒於歷山 而不必南面爲君 伊尹揮鐕於莘野 而不必北面爲臣 其猶魯食不適杞夫之肥 越炙不合秦人之嗜)"라고 말한다.

백곡의 이러한 주장은 사회적 역할의 차이 그리고 문화의 차이를 들어, 승려들이 일하지 않고 재물만 소비한다는 유생들의 공격에 반박하고자 한 것이다.

승려들이 무위도식한다는 주장은 석가모니 부처님 당시에도 있었다. 그때 석가모니 부처님은 육체적 노동과 정신적 노동이 있는데, 출가자들은 정신적 노동에 종사하는 사람들이라 말하며, 결국 노동의 종류와 질이 다르다는 점을 분명히 밝히셨다. 그러나 신도들의 경우는 가정을 이루고 있기 때문에 육체적 노동에 최선을 다해야 한다고도 말씀하셨다. 다시 말하면, 신도들은 재물을 베풀고 출가자들은 법 즉 가르침을 베푼다는 것이다.

중국에 불교가 전래되었을 때에도 같은 문제가 사회적 논란이 되었다. 당나라 때 부혁傅奕은 621년(무덕 4년)에 "사찰과 불탑, 비구와 비구니를 줄여 국리민복國利民福을 도모"하자는 11조를 왕에게 올렸는데, 여기에서도 재물을 소모하는 불교계의 폐해를 논하고 있다. 또한 그는 당나라 때의 도사인 이중경의 비판이 법림法琳의 《변정론辯正論》에 실려 있으며, 당나라 대종大宗 대력 13년(778년)에 상서성집의 도관원외랑이라는 벼슬을 지냈던 팽언彭偃의 상소문인 〈산태승도의刪汰僧道議〉에서도 생산 활동에 참여하지 않는 승단 때문에 생기는 사회적 폐단을 거론했다고 밝히고 있다.

이 문제는 이후에도 지속적으로 제기되었다. 이러한 점 때문에 선종에서 "하루 일하지 않으면 하루 먹지 않는다(一日不作 一日不食)"라는 내용이 포함된 《백장청규百丈淸規》가 등장했던 것일 수도 있다. 이뿐 아니라 일찍부터 출가자들을 경작에 참여하게 만들었으며, 이들은 심지어 매매, 교역, 대부업, 제분업, 점포, 차방 등도 운영했다. 따라서

백장회해 선사가 주석하신 백장사

출가자들이 단순히 무위도식한다는 주장은 설득력을 얻지 못한다.

조선시대의 불교계 역시 마찬가지이다. 양민良民의 처우를 받지 못하는 신분으로 수많은 공역과 군역에 시달린 점을 감안한다면, 이상의 주장은 오히려 유생들에게 적용되는 것이 마땅하다. 따라서 육체적 노동과 정신적 노동을 구분하지 못하는 유생들의 사고에 직설화법으로 반박하는 백곡의 주장은 충분히 현실성과 설득력이 있다고 볼 수 있다.

5) 상정교傷政敎의 문제
: 출가자들이 자주 잘못을 저질러
정교를 어지럽힌다는 주장에 대하여

상정교는 출가자들이 자주 잘못을 저질러 정치와 교육을 어지럽힌다는 뜻이다. 《고려사》에 가장 많이 등장하는 불교적인 문제점은 혹세무민惑世誣民하는 부패상이며, 그다음이 승려들의 영리 행위와 파계 행위이다. 조선시대에도 승려들의 문제는 가끔 《실록》 등에 나타나고 있다.

앞에서 얘기했듯이, 고려시대에 불교가 국교화되고 사원경제가 팽창하면서 불교계의 자정 능력이 상실되자 이는 다양한 사회 문제로 이어졌다. 때문에 고려 후기 성리학이 도입되면서 불교를 비판하는 보다 강력한 신진사대부들이 등장하게 된다.

불교에 대해 처음으로 '이단異端'이라는 표현을 사용한 사람은 고려시대 문인 최해崔瀣(1287~1340)이다. 이어 백문보白文寶(1303~1374)가 불교의 폐해를 주장한 이래, 불교에 온건한 태도를 보이던 이색李穡(1328~1396)도 불교계의 폐해가 적지 않다고 그 시정을 촉구했다. 또한 앞에서 살펴본 것처럼, 이들의 주장을 종합하여 불교의 배척을 주장하는 《불씨잡변》을 저술한 사람이 바로 정도전이다.

그러나 백곡은 이 문제를 조금은 안이하게 생각하는 인상을 준다. 이 문제가 치세와 백성의 교화에 불교가 도움이 되지 않는다는 의미를 담고 있음에도 백곡은 단순한 범법 행위로만 인식할 뿐이다. 따라서 그는 다음과 같이 말하고 있다.

승려들이 국법을 어겼으면 죄명을 얼굴이나 팔뚝에 문신으로 새겨도 좋고 죽여도 좋으며, 여승으로서 세속의 죄를 범했으면 코를 베어도 좋고 죽여도 좋습니다. 그런데 어찌 이것을 부처님의 허물이라 하고, 이들의 잘못 때문에 불교를 모두 폐해서야 되겠습니까?

是以僧干朝憲 則黥之可也 殺之亦可也 尼犯俗刑 則劓之可也 誅之亦可也 寧垢釋而惡之 幷與佛而麼栽

목은 이색

    하지만 이 문제는 승려들의 개인적 범법의 문제에서 출발한 것이 아니다. 불교가 치세와 백성의 교화에 도움이 되지 않기 때문에 축출해야 한다는 논리에서 시작된다. 불교는 재물을 소비하여 국고를 텅 비게 하고 백성들을 가난에 빠뜨릴 뿐 아니라, 양친을 버리고 효도하지 않게 함으로써 궁극적으로는 순리에 어긋난다는 것이다. 또

한 삭발의 고통이 있으며 불효의 거스름이 있고, 대를 끊어지게 하는 죄가 있다고 주장한다. 이러한 주장은 유교의 윤리나 공자의 가르침에 입각해 불교를 폄하하는 것이다.

많은 배불론자들이 다양한 논리로 불교의 척결을 주장했지만, 그 정점은 남송 때의 주희朱熹이다. 송나라 이후 불교의 영향력은 약화되고, 성리학에 대항하는 논리의 설득력도 주목을 끌지 못했다.

규범이나 덕목은 사회성과 역사성을 지니는 것이며 곧 인간의 필요에 의한 문화적 자연선택이 분명하다고 할 때, 윤리 도덕은 주희가 말한 그대로 '하늘이 규정한' 천리天理라기보다는 인간의 사고와 습관이다. 그러므로 세월에 따라 상대적으로 변하지 않는 것도 있고, 반대로 인간의 보편적 구조 속에 내재하여 변할 수도 있다. 그렇지만 주희가 설정한 인륜의 관계 범주와 그 덕목은 '닫혀' 있는 것이 분명하다. 따라서 유교적인 절대화 또는 형식화는 오히려 사회의 경색을 가져올 수 있고, 역사가 그 사실을 증명했음을 인식할 필요가 있다.

그러나 조선시대는 중국처럼 심오한 사상적 논쟁을 벌이지 못했다. 신진사대부를 중심으로 한 불교 비판론자들은 불교의 일반적인 사회현상을 비판하는 데 집중하며, 그것이 정교의 문제를 오인하게 만든 것으로 진단한다. 동일선상에서 백곡 또한 승려 개인의 문제를 가지고 불교 전체를 폄하하는 오류를 범해서는 안 된다고 역설했을 뿐이다. 이러한 맥락에서 백곡은 이렇게 반문했던 것이다.

선비가 설혹 죄가 있더라도 직접 공자의 허물과 관계없으며, 승려가 잘못이 있다고 해서 어찌 그것이 석가모니의 허물이겠나이까?

青衿有罪 非關尼父之失 皂服爲非 豈是釋尊之咎

그런데 고려나 조선시대에 들어오면서 당시의 불교는 이미 중국화된 불교, 특히 선종 위주로 전개되기 때문에 정교의 문제를 둘러싼 논쟁은 이미 무의미한 상태에 놓여 있었다고 할 수 있다. 따라서 이 문제는 승려 개인들의 기강 문란으로 집중되었으며, 백곡의 논리역시 그러한 시대 상황과 무관하지 않다고 하겠다.

6) 실편오失偏伍의 문제
: 승려들이 요역을 기피하여
병역을 손상시킨다는 비난에 대하여

실편오의 문제는 승려들이 국가에 노동력을 제공해야 하는 요역徭役을 기피하여 병역에 지장을 초래한다는 점을 들어 불교를 배척하는 주장이다. 조선시대의 승려들은 양민의 권리와 의무가 인정되지 않았기 때문에 군역의 의무가 없었다. 그렇지만 그들은 각종 공역이나 사역에 동원되었고, 또한 임진왜란과 병자호란 등 국가적 위기 때는 승군을 조직하여 자발적으로 전쟁에 참여하기도 했다. 이런 점에서 군역의 문제는 논란의 중심에 있어야 할 이유가 없다.

백곡은 〈간폐석교소〉에서 "불도는 쇠약한데 승려의 부역은 너무 많으며, 호적에 편입된 평민과 다름이 없다"고 호소한다. 또한 아래와 같이 고단한 참상을 밝히고 있다.

중국에 바치는 종이도 모두 승려들이 만든 것이고, 상급 관청에 바치는 잡물도 모두 승려들이 준비합니다. 그 밖에도 온갖 역사의 독촉이 너무 많아 아문衙門에서 겨우 물러나오면 관청의 명령이 계속 내립니다. 또 바빠서 때를 놓치면 옥에 갇히기도 하고, 창졸간에 어쩔 줄을 몰라하면 매질을 당하기도 합니다. 심지어 모든 지방의 교루郊壘와 남한산성 등 천 리 길에 양식을 나르고 해마다 성을 지키면, 몸은 파수를 보는 사람과 같고 자취는 전쟁하는 군인과 같습니다. 승려를 상징하는 감색 머리털과 푸른 눈동자는 바람에 몹시 시달리고, 흰 버선과 흰 누더기는 진흙과 티끌을 뒤집어씁니다.

紙楮之貢獻中國者 皆出於緇衣 雜物之進納上司者 盡備於白足 其餘百役 督索萬般 衙門纔退 官令繼至 忙迫失期 則或遭囚繫 創卒罔措 則或被鞭朴 至於諸道郊 壘南漢山城 千里裹糧 每歲守堞 身同戍客 迹等征夫 紺髮青眸 櫛

남한산성 행궁

風沐雨 素襪白納 蒙泥染塵

　이와 같이 백곡은 승려들이 군역의 문제를 떠나, 실질적으로 국가와 사회를 위해 공헌한 바가 많다는 사실을 사례를 들어 강조하고 있다. 그렇다면 백곡의 이러한 상소는 당시 문제된 부역과 잡역 그리고 신분의 차별 등 당면한 현실을 타개하려고 제기된 것이라기보다는, 승려들의 국가적 공헌을 알려 폐불의 부당함을 인식시키려는 의도가 다분히 있었음을 알 수 있다.

3

불교 무용론無用論과
유해론有害論에 대한 반박

　불교가 국가적으로 무용하다는 비판은 비교적 오래전으로 거슬러 올라간다. 불교가 중국에 전래되어 토착화되고 그 세력이 팽창하면서 유교와 도교를 중심으로 한 배불론자들은 불교 무용론을 끊임없이 제기했다. 그 이유도 다양하지만, 주된 이유는 불교의 윤리관과 풍속 등이 중국 전통의 유교와는 너무 다르다는 점 때문이었다. 중국의 문화적 영향을 직간접으로 받았을 뿐 아니라, 특히 성리학이 주도했던 조선 초기와 중기 사회 전반의 분위기에는 배불론이 상당히 팽배할 수밖에 없었다.

　이와 같은 시대적 상황에서 백곡은 불교의 무용론에 대한 반론을 전체적으로는 크게 여섯 항목으로 제기하고 있다. 첫째 불교를 믿은 군신의 사례와 그 과보, 둘째 폐불과 관련된 군신의 사례와 그 과보, 셋째 유학자들의 척불과 숭불 사례, 넷째 무불설에 대한 반박, 다섯째 불교의 유해론에 대한 반박, 마지막으로 우리나라의 숭불 사례가 그것이다.

또 중국의 유학자들이 불교를 탐탁지 않게 생각하기는 했지만, 불서佛書 읽기를 좋아했다는 예를 들어 보이기도 하였다.

유교를 업으로 삼는 사람으로서 정자程子와 주자朱子만 한 현인은 없습니다. 그런데 정명도程明道는 불상을 배척하지 않았고, 주희朱熹는 불서 읽기를 좋아했습니다. 다만 장난으로 다툴 때 문자로써 배척한 데 불과했으니, 이른바 "고상한 듯하면서 알맹이가 없고 이치에 가까운 듯하면서 진리를 어지럽힌다"고 하였을 정도이지, 불교를 폐지해야 한다는 말은 듣지 못했습니다. 한퇴지(한유)가 불교를 배척하는 글을 임금에게 올렸을 때,* 서축의 용선생은 그 말의 거슬림을 분하게 여겨 글을 지어 공박하였고, 그 뒤에 한퇴지가 태전 선사와 교유하자 상서尚書 맹간은 그에게 글을 보내어 올바른 깨달음을 칭찬하였습니다. 그러므로 황노직(황정견)은 "한퇴지가 태전 선사를 만난 뒤로는 불교를 배

---

* 당나라 헌종이 819년 법문사法門寺의 불사리를 황궁으로 이운해 친히 예배하고 받들어 모시자, 한유가 〈논불골표論佛骨表〉를 지어 올린 것을 말한다.

척하는 주장이 조금 멈춰졌다" 한 것입니다.

業儒之士 莫賢乎程朱 而程明道 不背塑像 朱晦菴 喜看佛書 爭戲之間 只以
文字斥之不過 曰似高而無實 近理而亂眞 廢佛之論 未之見焉 韓退之上表
排佛 西蜀龍先生 憤其言忤 著書攻之 愈後與太顚交遊 尙書孟簡寄書 嘉其
改迷 故黃魯直謂 韓愈見太顚之後 排佛之論少沮云

불교를 공격하는 유학자들의 논리 핵심에는 여전히 중화중심주의와 유교적 가치관이 내재되어 있다. 보편적이고 상대적인 가치관을 인정하지 못했던 배불론자들의 시각이 편협하고 포용성이 부족한 반면에, 호불론자들은 불교적인 보편적이고 상대적인 가치관에 입각해 부처님의 가르침을 설파하기 위해 노력했다. 요컨대 백곡은 배불론자들의 논리 전개에 대응하기 위해서 나름의 논리를 전개하며, 궁극적으로는 유교적 시각에서 벗어나 포용의 정책을 펼 것을 현종에게 간절히 호소했다고 할 수 있다.

이처럼 〈간폐석교소〉에 나타난 배불 논리에 대한 대응은, 유교에서 벗어나고자 한 것이 아니라 불교와 유교의 융합과 조화를 시도한 것이다. 백곡의 이 같은 주장은 당시의 시대적 상황을 고려한다면, 필연적이면서도 과감한 주장이 아닐 수 없다.

끝으로 백곡은 "무릇 천하에는 불교가 없는 나라가 없다(梵天下未

有無佛之國)"고 하였다. 또 "국사國師 도선道詵은 동방의 거룩한 승려로서, 당나라에 들어가 일행 선사一行禪師에게 법을 배우고 귀국한 뒤 1,500여 사찰을 지정 내지는 창건하여 나라를 이롭게 하였다. 그러나 근래에 고승과 신승神僧이 출현하지 않음은 국가의 성쇠盛衰에 관계가 있다고 하면서, 나라를 위해 슬퍼해 마지않는다"고 하고 있다. 그러하니 봉은사와 봉선사 그리고 자수원과 인수원 두 원의 철폐를 거두고, 선정을 베풀어줄 것을 간청하며 목숨을 돌보지 않고 간절히 상소하였다.

선조先朝(선왕인 효종)와 서로 알게 되었으므로 오늘에 감히 목이 떨어지는 것을 돌아보지 않는 것입니다. 그러하오나 어쩔 줄 모르고 두려워하는 마음을 이길 수 없어 삼가 죽음을 무릅쓰고 이렇게 글을 올리나이다.

臣於先朝 猥蒙知名故 敢於今日 不避隕命焉 不勝屛營惝慄之至 謹昧死以聞

이 상소에 대한 결과가 어떠했는지는 정확히 전해지지 않는다. 다만 그 후 몇 가지 조치와 추이 과정을 통해 짐작해볼 수 있을 뿐이다. 서울의 비구니 사찰인 자수원과 인수원의 양원은 이미 철폐되었지만, 봉은사와 봉선사는 끝까지 존속되었다는 점. 또 현종이 만년에 봉국사奉國寺를 창건하는 등 불교를 믿은 흔적이 보이는 점. 그리고 현종 15년에 백곡이 남한산성도총섭에 임명되었다는 점 등은 그의 상소가 어느 정도 주효했던 것으로 판단된다.

조선 중기 가혹한 척불의 시대 상황에서 백곡은 목숨을 내놓고 냉철한 논리로 척불의 시정을 촉구하였다. 또한 〈간폐석교소〉는 조선조 500년간에 걸친 배불 정책하의 불교사에서, 단 한 편의 반박 상소라는 점에서 그 의의를 높게 인정하지 않을 수 없다. 더불어 그 내용은 더할 나위 없이 논리정연하고 간결하기까지 하다.

따라서 국가의 가혹한 배불 정책에 대한 불교 측의 공식적 항의인 동시에 백곡의 분명한 호법 의지를 보여주는 〈간폐석교소〉는, 한국 불교사뿐 아니라 정치사에서도 괄목할 만한 기념비적인 찬술이라 할 것이다.

제1부

시대정신의 불꽃,
백곡 처능의 생애

1
유교의 한계와
양란 사이의 탄생 및 출가

    조선의 역사를 나누는 분기점은 임진왜란과 병자호란이다. 두 난은 주자학 중심의 유교 국가를 표방한 조선의 한계를 드러낸 사건인 동시에, 이후의 조선 사회가 변화할 수밖에 없는 필연성을 암시한다.

    도요토미 히데요시豐臣秀吉는 일본 통일이라는 대업을 완수한 뒤 통제하기 어려운 국내 무인 세력의 관심을 외부로 돌릴 필요가 있었다. 즉 사냥개를 삶을 수 없다면(토사구팽兎死狗烹), 새로운 먹잇감을 주어야만 했던 것이다. 임진왜란이 외부적 요인이 작용한 사건이라면, 병자호란은 왜란 때 조선을 도운(재조지은再造之恩) 명나라에 대한 의리 때문에 발생한 전란이었다. 이런 점에서 충분히 피할 수도 있었던 전쟁이었다.

도요토미 히데요시

1598년 8년간의 왜란이 마무리된 뒤 서서히 회복 중인 과정에서 발생한 1623년의 인조반정. 그리고 연이은 병자호란(1636. 12.~1637. 1.)은 조선에 강한 충격과 관점의 변화를 주기에 충분했다. 특히 병자호란은 두 달이라는 극히 짧은 기간에 끝났지만, 이를 통해 반정의 명분이 무너지고 조선은 국왕의 항복이라는 건국 이래 최고의 치욕을 당하게 된다.

이처럼 경제적으로는 피폐하고 정치와 이념적으로는 혼란한 시기에 백곡은 탄생한다. 백곡의 잉태와 관련해서, 그의 〈백곡처능사비명

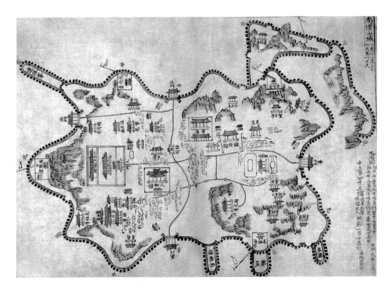

〈남한산성도〉

白谷處能師碑銘〉과 〈백곡선사탑명白谷禪師塔銘〉에는 불연佛緣이 깊은 태몽이 기록되어 있다. 내용인즉슨, 어머니 김씨가 홍제사弘濟寺 석불에 기도를 올렸는데, 꿈에 인도 승려가 나타나 건네준 구슬 두 개를 받아 삼키고 임신을 했다는 것이다. 이는 백곡이 불교적인 집안의 소생으로, 전생부터 부처님과 인연이 깊은 인물임을 나타낸다. 또 구슬이 두 개라는 것은 이후 백곡이 불교와 유교에 모두 능통하게 됨을 상징적으로 드러내는 듯하여 무척 신이神異하다.

백곡은 성이 전씨全氏로 1617년(광해 9년) 5월 3일 태어났으며, 이름은 신수愼守다. 백곡에게는 누이가 한 명 있었다고 한다. 〈백곡처능사비명〉과 〈백곡선사탑명〉에는 백곡이 기골이 빼어나고 어린 시절부터 불교를 좋아했으며 승려들을 보면 잘 따랐다고 기록되어 있다. 이 또한 숙세의 선연善緣에 따른 비범함이 어린 시절부터 발현된 모습이리라.

백곡은 열두 살에 벽암 각성碧巖覺性(1575~1660)의 제자인 의현義賢 문하에 출가한다. 백곡이 외아들이었다는 점과 부친의 이름이 전해지지 않는 점, 그리고 출가에 대한 구체적인 내용이나 출가 서원 등이 뚜렷하지 않은 점 등으로 미루어 볼 때, 조실부모를 하여 출가한 것이 아닌가 추측된다.

2
백곡의 출가 계보와
조선 중기의 불교계

백곡은 의현의 제자인데, 의현은 왜란 때 승병장으로 맹활약한 인물 중 한 분인 벽암 각성의 제자이다. 벽암 각성은 부휴 선수淨休善修(1543~1615)의 제자로, 선수는 속칭 서산 대사로 알려진 청허 휴정清虛休靜(1520~1604)과 함께 부용 영관芙蓉靈觀(1485~1571)의 제자이다. 다소 복잡할 수 있으니, 도표로 간략히 정리하면 다음과 같다.

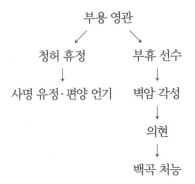

❶ 부용 영관
❷ 청허 휴정
❸ 부휴 선수
❹ 사명 유정

백곡 처능,
조선 불교 철폐에 맞서다

고려는 신라의 마지막 임금인 제56대 경순왕 김부의 귀부歸附, 즉 '자진해서 고려에 편입'되는 방식으로 신라를 흡수한다. 이로 인해 고려는 신라의 정통성을 계승하는 방식을 취한다. 그것은 전 왕조의 지배 이데올로기인 '불교의 계승'과 왕의 성씨인 '경주 김씨의 번성'을 의미한다. 실제로 왕건은 김부의 지위를 태자보다 높게 두어, 신라의 정통성이 고려로 연결되도록 유도했다. 이는 경주 김씨가 고려에서도 큰 성씨로 남게 되고, 오늘날까지 우리나라를 대표하는 성씨가 되는 이유이다.

그러나 조선은 이성계의 명분 없는 쿠데타에 의해서 돌연 개국된다. 이로 인해 조선은 전 왕조인 고려를 계승할 수 없었다. 왜냐하면 고려를 계승한다는 것은 조선의 건국 타당성을 부정하는 것이 되기 때문이다. 조선의 건국 타당성은 고려를 부정하면 할수록 더욱 강력해진다. 이로 인해 조선의 건국 세력은 고려의 지배 이데올로기인 불교를 배척하고, 국성國姓인 왕씨를 조직적으로 제거하는 모습을 보인다.

고려를 적폐로 규정하는 조선의 건국이념은 이후 조선조 500년을 유전한다. 이로 인해 오늘날까지도 한국사에서 고려는 무능하고 무기력한 왕조인 것처럼 인식되곤 한다. 그러나 고려는 조선과 달리 황제국을 표방했던 자주성이 높은 국가로, 세계 최강의 몽골군을 40여 년이나 막아내고 마침내 자치권을 쟁취해낸 나라이다. 또 고려청자·고려 불화·나전칠기 등은 시대를 대표하는 전 세계 최고의 명품이었다. 이는 국방은 물론이거니와 과학과 문화가 발달한 나라가 고려였다는 점을 분명히 해준다.

조선 하면 자연스레 숭유억불이 떠오르며, 불교가 억압 받았다는 것은 누구나 알고 있다. 그러나 불교도 불교지만 더 극심한 탄압을 받은 것은 고려의 왕족인 왕씨였다. 조선의 건국과 함께 이성계와 정도전의 주도로 왕씨에 대한 대대적인 살육이 단행된다. 이 중에는 왕씨들을 배에 태워 섬에서 편안하게 살게 해준다고 유인한 뒤, 바다에서 배를 파손시켜 수장하는 등 갖은 만행이 벌어진다.

조선이 안정기에 접어드는 문종 때인 1452년이 되면, 조선은 고려 왕씨의 제사를 받들 숭의전崇義殿을 건축하고 이를 주관할 봉사자奉祀者로 왕씨를 찾게 된다. 그런데 이때 전국에서 왕씨는 오직 왕우지王牛知 한 사람만이 존재할 뿐이었다. 이로 인해 왕우지는 왕순례王循禮로 이름을 바꾸고 숭의전 부사로 임명된다.

오늘날 우리가 왕씨 성을 가진 사람들을 보면 중국식의 '왕 서방'이 먼저 떠오르곤 한다. 그러나 고려 왕족이 왕씨였다는 점을 생각한다면, 조선 초의 왕씨는 오늘날 전주 이씨만큼이나 많았던 우리의 대표적인 성씨라고 할 수 있다. 조선은 이들 왕씨들을 모두 잔인하게 도륙했던 것이다. 때문에 조선은 태조 때부터 왕씨 원혼의 앙갚음을 두려워했다. 해서 이들의 천도를 위해 개성 관음굴과 삼척

삼화사 수륙재

삼화사 그리고 견암사에 수륙도량을 개설하고 수륙천도의식水陸薦度儀式인 수륙재를 거행하게 된다. 이런 점에서 본다면, 이성계가 왕자의 난을 당하면서 골육상쟁의 비극을 목도하게 되는 것이나, 1398년 정도전이 이방원에게 제거된 후 대역죄인으로 가계가 몰락하는 것 등은 너무나도 혹독한 처사에 따른 인과응보가 아닌가 한다.

나말여초의 변화기에 유교는 불교에 눌려 있었기 때문에 지배 이데올로기로 등장할 수 있는 상황이 아니었다. 그러나 남송 시대 주희朱熹(1130~1200)에 의해 성리학이 집대성(주자학)되면서, 유교는 새로운 변화의 가능성을 맞게 된다. 전통 유교와는 다른 신유교neo-Confucianism가 본격적으로 등장하게 된 것이다.

주자학은 원 간섭기인 1290년 안향安珦(1243~1306)에 의해 고려로 전래된다. 이 주자학을 바탕으로 성장하게 되는 것이 바로 고려 말의 신진사대부이다. 공민왕의 개혁 정치 속에서 팽창하던 신진사대부 세력의 일부와 무장 세력인 이성계 일파가 결합해서 탄생한 왕조가 바로 조선이다. 즉 조선의 건국 과정에는 불교를 대체할 수 있는 이데올로기로서 주자학이 존재하고 있었던 셈이다. 하여, 조선의 건국은 불교적으로는 암흑기가 시작되었음을 의미하게 된다.

태종 6년인 1406년에는 개국 초의 11개 불교 종파를 7개로 통합하고, 사찰을 242곳만 남긴 채 파괴하는 칙령이 단행된다. 이 과정에서 사찰의 토지와 노비들이 몰수되는 것은 당연했다. 이와 같은 불교 탄압은 세종 때에도 계속되어, 1424년에는 앞서 7개 종파를 다시금 선종과 교종의 둘로 통합하고 사찰의 수도 36곳으로 축소한다. 또 1429년에는 부녀자의 사찰 출입을 금지하는 영이 시행된다. 세종 하면 흔히 《월인천강지곡月印千江之曲》의 찬술이나, 부처님의 일대기인 《석보상절釋譜詳節》 편찬의 후원 등으로 '불교 군주'라는 인식이 있다. 그러나 이는 만년의 일이고, 처음에는 세종도 불교에 대해 매우 비판적이었다.

조선 불교는 불제자임을 대놓고 표방한 제7대 세조 시대를 맞아 부활하는 듯했다. 그러나 지식인(유생)의 지식인(승려)에 대한 탄압은, 권력의 소유 문제와 연관되기 때문에 쉽게 해소될 성격이 아니었다. 주자학의 불교 대체는 언뜻 보면, 종교와 지배 이데올로기의 변화처럼 이해된다. 그러나 여기에는 문자를 아는 승려와 유생이라는 두 종류의 지식인 그룹에 의한 충돌이 존재한다. 우리는 야생에서 수사자가 다른 수사자를 단순히 경계하는 것을 넘어 물어 죽인다는 점을 상기할 필요가 있다. 즉 지식인 그룹의 경쟁 구조에서 패자는 설 곳을 잃게 되며, 조선 불교는 이를 잘 나타내주는 것이다. 이와 같은 거대한 흐름은 호불 군주好佛君主인 세조 한 명이 뒤바꿀 수 있는 성질의 것이 아니었다. 그렇기에 8대 예종의 단명 이후 성종이 들어서자, 도리어 불교 억압의 구조가 완성되는 모습을 보이게 된다.

전 세조대왕 진영. 세조 임금의 영정을 조성하여 해인사 금구전에 봉안한 것으로, 조선 전기에 해인사가 불교계에서 중요한 위상을 차지함을 입증하는 자료이다.

이후 불교는 연산군 시대를 맞아 최소한의 존립 근거마저도 빼앗기게 된다. 가장 대표적인 것이 현재 탑골 공원으로 알려져 있는 '원각사의 폐사'와 '승과僧科의 폐지'이다. 당시 원각사는 오늘날의 조계사와 같은 총본산의 위상을 지녔던 사찰이다. 즉 원각사의 파괴는 불교를 대표할 수 있는 서울 안의 핵심 사찰이 사라졌음을 의미한다. 또 승과는 승려들을 대상으로 하는 과거 시험으로, 양질의 우수한 승려들이 선발되는 등용문이었다. 이런 승과의 폐지는 승려의 자질을 담보하지 못하는 상황이 발생한다는 것을 의미한다. 즉 공부하고 참선하는 승려가 아닌, 먹고살기 위한 생계형 승려의 일반화와 하향평준이 초래되는 셈이다.

이런 불교의 위기 상황에서 구세주로 등장한 여인이 바로 문정왕후文定王后(1501~1565)이다. 문정왕후는 연산군을 몰아내고 집권한 중종의 계비로, 독실한 불교 신자이자 불교 진흥을 위해 최선을 다한 여걸이다. 제11대 중종의 뒤를 이은 것은 첫째 부인인 장경왕후의 소생인 인종이다. 그러나 인종은 즉위 후 8개월 만에 세상을 떠나고, 1543년 결국 문정왕후의 아들인 명종이 열두 살에 즉위한다. 이로 인해 문정왕후는 어린 군주를 대신해 수렴 청정하는 섭정을 하게 된다. 이후 문정왕후의 권력은 그녀가 세상을 떠나는 1565년까지 실질적으로 계속된다.

문정왕후는 유교에 맞서 불교를 진흥하면서 왕권을 강화한다. 이

원각사지십층석탑

원각사지 〈대원각사비〉. 원각사의 창건 내력을 적은 비로 조선 성종 2년(1471년)에 건립되었다. 세조가 효령대군이 양주 회암사에서 《원각경》 법회를 주관할 때 이적이 발생하고 자신도 이적을 경험하게 되자, 폐사된 흥복사興福寺를 새롭게 고쳐 세운 사찰이다.

과정에서 문정왕후를 도와 불교를 진흥시킨 인물이 바로 허응 보우 虛應普雨(1509~1565)이다. 보우와 문정왕후의 노력으로 연산군 때 폐지된 승과가 1550년 부활하게 되고, 봉은사와 봉선사가 각각 선종과 교종을 대표하는 최고 사찰의 위상을 확보하게 된다. 즉 불교 중흥의 기틀이 재건된 것이다. 이 시기에 승과에 합격한 이가 바로 서산 대사와 사명 대사 같은 분들이니, 왜란의 구국 영웅들은 이렇게 빛을 보게 된 것이다.

허응 보우가 문정왕후를 도운 개혁가라면, 부용 영관은 높은 수행력으로 위기의 조선 불교를 두텁게 안정시킨 분이다. 영관의 문도는 무척 많았는데, 특히 쌍벽이랄 수 있는 청허 휴정 즉 서산 대사와 부휴 선수가 탁월했다. 이 두 분은 이후 조선 후기 불교를 양분하게 된다. 이 중 서산 대사의 문도가 개성의 묘향산을 중심으로 하는 한반도의 중앙에서 활약했다면, 선수의 문도는 충청도와 호남에서 주로 활동했다. 서산과 선수의 고제高弟가 각각 사명당四溟堂(1544~1610)과 벽암 각성인데, 이분들은 수행보다도 왜란과 관련된 승병장으로 더 잘 알려져 있다. 일본의 침입이라는 국가적 전란의 시대에, 수행보다도 민중들을 보듬어 안아야만 했던 수행자의 비극이 서려 있는 셈이다.

사명당은 전쟁이 발발하자 팔도십육종선교도총섭八道十六宗禪教都攝에 임명된 스승 휴정의 격문을 받들어, 승군을 이끌고 평양성 탈

남한산성 동문

환에 참여해 혁혁한 공을 세웠다. 또 왜란의 말미에는 조정의 대신들이 일본을 두려워해 강화가 지지부진하자, 왕명으로 일본으로 건너가 총 4차례의 강화 회담을 주도했다. 이때 3,000명의 조선인 포로를 생환해 온 일은 유명하다.

벽암은 3,000의 승군을 규합해서 항전하고, 승군을 통솔하여 1624년부터 1626년까지 남한산성을 구축하고 정비하였다. 이로 인해 남한산성 도총섭都摠攝이 되었으며, 선종수사찰禪宗首寺刹인 봉은사 주지와 판선교도총섭判禪敎都摠攝 등을 지내게 된다. 남한산성 팔도도총섭은 벽암의 입적 후에는 문도인 회은 응준悔隱應俊(1587~1672)이 맡았으며, 그 뒤에 백곡이 취임하게 된다. 즉 남한선성을 중심으로 하는 부휴 선수계의 흐름이 인지되는 것이다.

<u>3</u>

선조의 부마 신익성에게
유학을 배우다

백곡의 가장 특이한 이력은 12세에 의현에게 출가한 이후, 17세부터 20세까지 4년간 동양위東陽尉 신익성申翊聖(1588~1644)에게 유학과 시문을 사숙했다는 점이다. 이러한 백곡의 수학 이력은 이후 백곡이 유교의 고사와 시문에 빼어난 인물이 되도록 한다. 같은 한문이라고 하더라도 불교와 유교는 문장을 구성하는 방식에 차이가 있다. 마치 같은 한옥이라도 불교의 사찰 건축과 유교의 왕궁 건축이 다르며, 동일한 한복에 속하지만 승복과 유생의 복장에 차이가 있는 것처럼 말이다. 후일 백곡의 대표 찬술인 1661년의 8,150자로 이루어진 장문의 〈간폐석교소諫廢釋教疏〉는 백곡이 유교의 고사와 어법에 매우 능숙한 승려였음을 나타내준다. 이는 모두 신익성의 문하

신익성

에서 수학한 결과이다.

　서산 대사 같은 분도 유학에 조예가 깊었지만, 이는 그가 출가 전 진사시를 준비한 경험이 있기 때문이다. 그런데 백곡은 출가한 후에 신분이 높은 유생에게 사숙했던 것이다. 이는 당시의 신분제 구조 속에서는 매우 이례적인 이력임에 틀림없다. 이런 일이 어떻게 가능했는지는 정확하지 않다. 다만 이를 통해서 신익성이 유교에만 국집되지 않는 사상적으로 매우 호방한 인물이었다는 점과, 백곡과 가까운 인물에 신익성을 아는 사람이 존재했다는 정도의 추론이 가능

〈백운루도〉

할 뿐이다.

신익성은 선조의 여식인 정숙옹주貞淑翁主와 혼인한 인물로 왜란 때는 선무원종공신宣武原從功臣 1등이 된다. 이후 광해군과 폐모廢母 문제로 대립하다가 쫓겨나고, 인조반정 뒤에 재등용된다. 호란이 발발하자 인조를 호종하며 끝까지 싸울 것을 주장하는 척화론을 강력하게 제기한 강경론자이기도 했다. 그러나 인조가 남한산성에서 청 태조 누르하치奴爾哈赤에게 항복하자, 척화오신斥和五臣(신익성·신

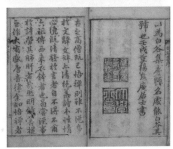

《대각등계집》

익전·허계·이명한·이경여)으로 지목되어 최명길·김상헌 등과 함께 1642년 12월 심양으로 압송된다. 이후 왕실의 볼모로 함께 끌려간 인조의 장남 소현세자의 도움으로 1643년 2월에 풀려나 조선으로 돌아온다.

백곡이 신익성의 문하에서 수학을 시작한 것은 1633년으로, 당시 신익성은 양수리 인근의 고산孤山 창연정蒼然亭의 백운루白雲樓와 주변 암자인 낙수암樂壽庵에 머물렀다. 이곳에서 백곡은 신익성의 넷째 아들인 신최申㝡와 조석으로 신익성을 모셨다. 이때 신익성에게 배운 내용이 백곡의 《대각등계집大覺登階集》(속칭《백곡집》) 〈서문〉에서 확인된다. 이는 《논어》·《맹자》 등의 유교 전적과 한유·소동파 등의 문장, 그리고 역사서와 같은 것들이다. 실제로 〈간폐석교소〉에는 고사에 대한 언급이 매우 많은데, 이는 당시 역사서에 대한 공부가 상당했음을 암시한다.

　백곡과 신익성의 인연이나 수학과 관련하여, 최석위는 《대각등계집》의 〈서문〉에서 다음과 같이 기록하고 있다.

　백곡 대사는 나이 17~18세쯤에 속리산을 떠나 서울로 올라왔다. 이때 여러 이름난 대신과 학식 있는 선비들의 집을 방문하여 자신이 지은 시문을 폐백으로 바쳤다.
　당시 나의 외조부인 낙전공 신(익성)공은 조정에 있는 것을 좋아하지 않아 산림에서 은거 생활을 하고 있었다. 대사는 곧바로 경전을 가지고 승려임에도 불구하고, 신공의 넷째 아들인 춘소공(신최)과 함께 아침저녁으로 곁에서 신공을 모셨다. 붓이나 벼루 등을 준비하는 잔일을 하면서 4년을 지냈지만, 항상 게을리하지 않았다. 신공은 경서와 역사서 그리고 《논어》, 《맹자》 같은 우리 유가의 말씀을 가르쳤으며, 한유와 소동파의 저서까지 두루 언급하였다.

대사는 매일 밤낮으로 열심히 읽고 공부하니, 독송한 지 오래지 않아 점차 분명히 드러나게 되었다.

이 글을 보면, 백곡은 어른 나이임에도 학문에 대한 관심이 많아 속리산에서 출산하여 스승을 찾아 인연 있는 곳을 여럿 기웃거렸음을 알 수 있다. 그러다가 산림에 은거 중이던 신익성 문하에서 승려의 신분으로 성실하게 시봉과 공부해 매진한 것이 확인된다. 이 같은 향학열로 인하여, 백곡은 이후 문장과 학식으로 크게 이름을 떨치게 된다. 이는 자수 무경子秀無竟(1664~1737)의 다음과 같은 언급을 통해서 분명해진다.

우리나라에서 시를 잘 짓는 승려는 고금에 많지만, 문장과 도덕을 함께 갖추고서 사람의 이목을 놀라게 한 분은 오직 백곡 대사뿐이다. 어려서는 동회(신익성) 선생에게 수학하고, 자라서는 벽암 각성의 법을 얻었다. 동회는 유학의 으뜸가는 어른이요, 벽암은 나라의 큰 스승이다.

오묘한 학문을 전수 받고 깊은 불법에 이르렀으니, 문장은 넓어 강하가 세차게 바다로 흘러가는 듯하고 도덕은 충만하여 천지와 하나 되었다. 그 도덕의 기운이 사람을 몰아 문장을 구사하니, 마땅히 한 글자 반 구절이라도 자연스럽지 않은 것이 없다. 능히 그 문장과 도덕이 큰 기운을 얻었다 이를 만하다.

이 글에서도 백곡이 불교적 측면 이외에 유교적인 학문과 문장을 수학한 특징이 살펴진다. 즉 당시로써는 승려가 유교의 문장에 능하기가 쉽지 않았으므로, 이 부분이 크게 부각되고 있는 것이다. 이로 인해 백곡은 월하 계오月荷戒悟(1773~1849)·인악 의소仁岳義沼(1820~1896)와 더불어 조선 후기 3대 문장가로 꼽히거나, 무용 수연無用秀演(1651~1719)·해붕 전영海鵬展翎(?~1826)과 함께 역시 3대 문장가로 알려지게 된다. 백곡만이 두 승려 문사 집단에 모두 속하며, 다른 이들은 백곡보다 연대가 늦거나 상당히 떨어지는 경우도 있다. 즉 17~19세기에 걸쳐 승려 중 문사로는 백곡이 으뜸이며, 이렇게 된 이유에는 신익성에게 유가의 글을 공부한 덕이 컸다고 하겠다.

백곡이 스무 살이 되는 1636년에 공부를 마치게 되는 것은 병자호란이 1636년 12월에 발발하기 때문이다. 즉 12월 전에 전운이 감돌았고, 이런 상황에서 부마이자 왜란의 1등 공신이면서 척화론자인 신익성으로서는 가만히 있을 수 없었을 것이다. 이로 인해 백곡과 신익성의 종교와 이념을 초월한 사제의 연은 외세의 침략이라는 급박한 현실 속에서 일단락되고 만다.

4
벽암 각성을
스승으로 모시다

신익성에게 유교와 문장을 배운 백곡이 다음으로 찾아 가르침을 배운 분은, 은사인 의현의 스승 벽암이다. 백곡의 은사인 의현은 1633년에 입적했는데, 이때는 백곡이 신익성의 문하로 들어가는 해이다. 이렇게 놓고 본다면, 백곡이 속리산을 나와 유학을 배우는 배경에는 의현의 입적도 한 계기가 되었을 수 있다. 그러나 은사가 입적하자마자 유학을 수학하러 간다는 것은 일반적이지 않다. 특히 과거에는 상례喪禮 기간이 길었다는 점에서 더욱 그렇다. 또 백곡에 대한 기록에는 의현에 대한 언급이 거의 없다. 이는 의현이 출가 은사이기는 해도 크게 이렇다 할 영향이 없었던 상황이었음을 추정케한다.

쌍계사 대웅전

지리산 쌍계사

신익성의 문하를 떠난 백곡의 향학열은 당시 지리산 쌍계사에 주석하고 있던 벽암을 찾게 한다. 이후 백곡은 근 20여 년을 지근거리에서 벽암을 모시며 가르침을 받는다. 백곡이 벽암을 스승으로 모시고자 한 데는 은사인 의현과의 인연이 작용했을 것임은 재론의 여지가 없다.

백곡이 벽암의 손제자에서 제자가 되는 것은 일견 이상하다. 여기에는 불교에 '은사恩師'라는 출가 스승'과, '법사法師'라는 가르침을 주는 스승'의 이중 구조에 대한 이해가 필요하다.

붓다는 초기 불교에서부터 '화상和尙'과 '아사리阿闍梨'라는 두 가지 구조를 만들어놓았다. 출가 과정에서 삭발을 해주고 승려가 갖추어야 하는 기본적인 내용들을 가르쳐주는 분을 화상이라고 한다.

화상은 본래 출가한 지 10년 이상 되어 제자를 둘 수 있는 승려를 지칭하는 표현이다. 그러나 동아시아에 와서 화상은 두 가지 뜻으로 바뀌게 된다. 첫째는 지공 화상·나옹 화상·무학 화상의 증명 삼화상證明三和尙에서처럼, 큰스님의 의미로 사용되는 경우이다. 둘째는 경상도에서, 부인이 자기 뜻대로 안 되는 남편을 가리키는 표현으로 '야이, 화상아!'라고 부르는 것 같은 경우다. 이는 불교가 오래되면서 화상이라는 말이 속화되어 나타나는 현상이다. 이는 불교의 사회적 융합 측면에서 매우 흥미로운 부분이다.

각설하고, 초기 불교의 화상에 상응하는 표현은 동아시아 불교에서는 은사다. 은사란 출가를 도와주는 분으로 세속으로는 부모와 같은 역할을 한다고 이해할 수 있다.

　다음으로 아사리는 교사와 같은 전문적인 학습 스승을 가리킨다. 즉 승려를 전문적으로 가르치는 스승인 셈이다. 우리말에 '아사리판'이라는 것이 있다. 이는 최고의 지식인인 아사리들끼리 논쟁이 붙게 되면, 우열을 가리기 힘들어 난장판처럼 복잡한 상황이 연출되는 것을 의미한다.

　붓다는 화상보다도 아사리를 중시했다. 아사리를 통한 올바른 교육만이 양질의 수행자를 양산하며, 이는 불교의 명운을 가르는 가장 중요한 요소라고 판단했기 때문이다. 실제로 붓다의 10대 제자 중 한 분으로 알려져 있는 아난은 실제로는 오비구 중 한 명인 십력 가섭十力迦葉에게 출가했다. 즉 아난의 화상은 십력 가섭인 셈이다. 그럼에도 붓다의 제자로 불리는 것은 아난에게는 붓다가 아사리 즉 가르침의 스승이었기 때문이다. 이는 불교가 화상보다는 아사리 중심이라는 점을 잘 나타내준다. 출가는 누구나 시켜줄 수 있지만 올바른 가르침의 전수는 아무나 해줄 수 없는 것이며, 진정한 수행자는 가르침을 통해서만 존재할 수 있다고 판단했기 때문이다.

　아사리에 대한 의존도가 크다는 의미는, 오늘날 대학원처럼 능력 있는 선생님을 중심으로 인적 구조의 재편이 이루어진다는 것을 의미한다. 이는 공부와 능력을 중시하는 불교의 전통인 동시에, 후발의 불교가 인도의 전통 종교인 바라문교를 능가하면서 성장하는 가장 중요한 동인이 된다.

동아시아 역시 불교 전통의 아사리 중심 문화를 수용한다. 동아시아에서는 아사리를 법사法師 즉 진리의 스승이라고 하며, 법사를 모시는 것을 입실건당入室建幢이라고 칭한다. 예컨대 사명당은 흔히 서산 대사의 제자로 알고 있지만, 사명당의 출가 사찰은 김천 직지사로 삭발 은사는 신묵信默이다. 즉 서산 대사는 사명당의 법사인 것이다.

법사는 요즘으로 치면 대학원의 지도교수 정도로 이해하면 된다. 또 입실건당이란, 공부가 갖춰져 일가를 이루었다는 의미이다. 입실건당은 '입실'과 '건당'의 합성어인데, 이 중 입실은 승당升堂과 더불어 《논어論語》〈선진先進〉에 나오는 말이다. 내용인즉슨, 공자의 제자 중 무인 기질이 강한 자로子路가 하루는 거문고를 타고 있었다. 이를 본 공자가 "어찌 내 집에서 이 같은 부족한 연주를 한단 말인가?"라며 한탄하였다. 이로 인해 다른 제자들이 자로를 공경하지 않자, "자로는 집에는 들어갔으나 아직 방에 이르지 못했을 뿐이다(由也, 升堂矣. 未入於室也)"라고 하여 다른 제자들을 훈계했다. 여기에서 학문의 경지가 집에 들어간 것을 승당이라 하고, 내밀해져 방에까지 이른 것을 입실이라고 한다.

황악산 직지사

동아시아의 선종은 초기 불교의 아사리가 가르침의 스승을 찾아 수학하는 것과는 달리, 수행을 통해서 자신의 지견이 확립된 후에 깨친 스승을 찾아 인가印可 받는 것을 중시한다. 이렇다 보니, 승당은 생략되고 곧장 입실이라는 단어가 사용되는 것이다. 즉 초기 불교가 승당을 강조하고 있다면, 선종에서는 입실이 중시되고 있는 셈이다. 해서 입실과 더불어 건당이라는 말이 나오게 된다. 건당이란, '깃대를 세운다'는 말로 여기에서의 깃대란 깨달음을 얻었다는 표식이다. 즉 깨달음을 얻어서 일가를 이루었다는 의미이다.

초기 불교나 교종에서는 스승을 찾아서 수학하는 것을 중시한다. 마치 대학원에 진학할 때 능력 있는 지도교수를 찾아서 학생이 입학하는 것과 같다. 이렇게 되면 수학 과정에서 제자는 스승에게 가르침을 받으며 성장하게 된다. 즉 승당에서 입실로 이어지는 구조인 셈이다.

그러나 선종에서는 마음만 돌리면 미망은 사라지고 자신이 본래부터 가지고 있던 청정한 본성을 환기하게 된다. 즉 돈오頓悟로 이는 다름 아닌 '단박'이다. 때문에 여기에는 차제적인 교육에 따른 발전과 학문 도야와 같은 개념이 존재할 수 없다. 그러므로 곧장 입실건당에 이르게 되는데, 이 과정에서 스승과 제자 간에는 법거량法擧量이 이루어지게 된다. 법거량은 스승이 제자 될 이의 관점을 판단해 보는 것이다. 이때 제자의 기량이 출중하면 바로 인가를 해서 법맥

통도사 삼화상 진영(무학-지공-나옹)

法脈을 상속해주고, 그렇지 않은 경우는 받아들여서 지도를 하게 된다. 영화나 드라마 감독이 주인공 오디션을 보는 것 정도로 이해하면 된다. 즉 초기 불교와 교종의 오디션이 대형기획사에 들어가는 오디션이라면, 선종의 법거량은 단번에 주연이 되는 오디션인 셈이다. 이런 점에서 양자 사이에는 상당한 차이가 존재한다.

선종의 법거량과 인가문화의 이해를 돕는 예로, 고려말 고승인 나옹 혜근懶翁惠勤(1320~1376)이 1350년 임제종 양기파楊岐派의 평산 처림平山處林(1279~1361)과 사제지간이 되는 과정을 한번 살펴보자.

나옹이 평산처림 선사를 뵈러 항주의 정자사淨慈寺로 갔다. 이때에 평산은 승당僧堂에 있었다. 나옹이 승당 안으로 들어가 발길 가는 대로 왔다 갔다 했다.

평산 : "대덕大德은 어디에서 왔는가?"
나옹 : "원의 수도인 대도大都에서 왔습니다."
평산 : "먼저는 어떤 선지식을 뵙고 왔는가?"
나옹 : "인도 출신의 지공指空을 뵙고 왔습니다."
평산 : "지공은 날마다 무슨 일을 하는가?"
나옹 : "지공은 날마다 천검千劍을 씁니다."
평산 : "지공의 천검은 놓아두고, 자네의 일검一劍을 가져와 보게나."

나옹이 느닷없이 방석으로 후려갈기니, 평산은 선상禪床에 있다가 꺼꾸러지면서 큰 소리로 "이 도적놈이 나를 죽이는구나"했다.

나옹이 곧장 붙들어 일으켜주며, "나의 검은 능히 사람을 죽이기도 하지만 살리기도 합니다" 했다.

평산이 큰 소리로 "하하" 웃고는, 곧 손을 잡고 방장실(주지실)로 돌아가 차를 권했다.

어느 날 평산이 나옹에게 손수 다음과 같이 적어서 가르침을 부촉했다.

항주 정자사

"삼한三韓의 나옹 혜근 수좌가 노승을 찾아왔기에 보았는데, 그 하는 말이나 토해내는 선기禪氣를 보니, 문득 불조佛祖와 서로 합치한다. 종안宗眼이 명백하고 견처가 고준高峻하며, 말 속에는 울림이 있고 구절마다 예봉을 감추었다. 이에 설암雪菴께서 전하신 급암 선사及菴先師의 가사 한 벌과 불자拂子를 주어 부촉하는 믿음을 보이는 바이다."

나옹은 선기가 뚜렷하고, 고려의 양주 회암사檜巖寺에서 깨달음을 얻은 후 인가를 받기 위해 원나라로 유학을 간 분이다. 이런 점에서 나옹과 평산의 법거량은 오히려 나옹이 평산을 압도하는 정도로까지 이해될 정도이다. 그러나 벽암을 찾아간 스무 살의 백곡에게는 나옹과 같은 멋은 없다. 백곡은 명칭상으로는 입실건당하기 위한 것이지만, 내용적으로는 불교를 체계적으로 이해하기 위한 승당을 위해 벽암을 찾은 것이기 때문이다.

백곡은 이후 20여 년간 벽암을 모시며 가까이에서 수학한다. 물론 백곡이 20년간을 과거 신익성을 모신 것처럼 한 것은 아니다. 이는 백곡이 20대 초반에 금강산金剛山과 보개산寶蓋山 그리고 묘향산妙香山 일대를 유력하며 성지 순례를 했다는 기록을 통해서 알 수 있다.

〈금강산도권〉 원통암. 금강산 주변의 아름다운 경치와 절을 포함하여 모두 75곳을
그린 그림으로 신익성이 그린 것으로 전해지고 있다.

5

백곡의 성지 순례와
서산 대사에 대한 추모

금강산은 인근의 오대산이 문수보살의 성산聖山인 것에 영향을 받아서, 고려 중기인 원 간섭기 초에 법기法起(담무갈曇無竭)보살의 성산으로 완성된다. 법기보살은 600권 《반야경》과 《대품반야경大品般若經》 등에 등장하는 반야 공사상을 상징하는 핵심 보살이다. 《화엄경》〈보살주처품菩薩住處品〉에 의하면, 바닷속에 금강산이 있고 그곳에서 법기보살이 1만 2,000보살을 거느리고 가르침을 설하는 것으로 되어 있다. '금강산 1만 2,000봉'이라는 말은 법기보살이 1만 2,000보살을 거느린다는 것에서 유래한 것이다.

금강산은 이후 오대산과 더불어 불교의 성산 신앙을 대변하게 된다. 이로 인해 금강산에는 본사 급의 사찰만 유점사楡岾寺 · 표훈사表

訓寺·신계사神溪寺·장안사長安寺·정양사正陽寺·건봉사乾鳳寺의 무려 여섯 곳이나 있었다. 이 중 유점사와 건봉사는 일제강점기 30본사 (후일 31본사) 중 두 곳으로 선정되는데, 한 산에 두 본사가 선정된 예는 금강산과, 송광사와 선암사가 위치한 순천의 조계산뿐이었다.

금강산은 조선 전기인 1491년의《성종실록》권261에 따르면, 오대산과 더불어 사찰과 승려가 헤아릴 수 없이 많았다고 기록되어 있을 정도이다. 이런 점에서 백곡이 벽암을 모시고 새로운 수행자의 삶을 이룩하는 과정에서, 금강산을 참배하는 것은 어쩌면 당연하다고 할 수 있다.

백곡의 기록에는 이때 오대산을 참배했다는 내용은 없다. 그러나 오대산이 문수보살의 성지이자, 가장 먼저 우리나라 불교 성산으로 자장율사에 의해 개착되었다는 점, 또 당시 한양에서 금강산을 가기 위해서는 오대산을 들리는 것이 일반적이었다는 점, 오대산이 두 차례의 전란이 일어나기 전 사명당의 불사로 사세가 일신하였다는 점 등을 고려할 때, 백곡 역시 금강산에 오가는 과정에서 오대산에 들렀을 개연성은 충분하다. 특히 백곡의 순례 여정에는 철원의 지장보살 성산인 보개산이 언급되는데, 전통적으로 '오대산-문수보살과 금강산-법기보살, 보개산-지장보살'의 세 곳 성산은 함께 묶어서 연동되는 경향이 존재한다는 점에서 더욱 그렇다. 이 같은 내용은 고려 중기의 문신인 민지閔漬(1248~1326)가 보개산에 대해 찬술한〈보

오대산 월정사

백곡 처능,
조선 불교 철폐에 맞서다

금강산 건봉사

개산석대기寶盖山石臺記)를 통해서 확인해 볼 수 있다. 실제로 민지는 〈보개산석대기〉(1307년 8월) 외에 《오대산사적기五臺山事跡記》(1307년 2월)와 《유점사사적기楡岾寺事跡記》(1297년 11월)의 세 가지 문헌을 모두 찬술하고 있다.

경기도 연천군에 위치한 보개산은 신라하대에 지장보살이 출몰하여 이순석李順碩이라는 사냥꾼을 감화시킨 것에서 시작된다. 이 역시 인근에 먼저 개착된 오대산의 영향을 받은 것으로 추정되는데, 원심원사를 중심으로 하는 보개산 역시 산 전체가 지장보살의 성산으로 인정되는 곳이다.

이외에 백곡이 순례한 묘향산은 개성을 대표하는 절경이다. 묘향산은 개성의 서쪽에 위치한다고 해서 서산으로도 불리는데, 이곳에 주석하신 분이 바로 서산 대사이다. 서산 대사는 묘향산 보현사普賢寺를 중심으로 활동했으며, 그 결과 묘향산과 보현사는 조선 후기 불교에서 매우 높은 위상을 확보하게 된다.

또 구한말에는 보현사가 삼보사찰로 유명세를 떨친다. 이렇게 되는 이유는 왜란 때 통도사의 사리가 옮겨지는 과정에서 유점사에 일부가 남게 되고(불보), 명성황후가 해인사의 고려대장경을 인출한 대장경이 보현사에 모셔지며(법보), 서산 대사가 주석한 사찰(승보)이기 때문이다. 백곡이 활동했던 당시 보현사는 1604년 당대를 대표하는 명승인 서산 대사가 입적한 곳이라는 점에서 참배의 필연성은

보현사 팔각십삼층석탑

충분했다고 판단된다.

　백곡은 비록 서산의 직계 문손은 아니지만, 이는 국란을 극복하는 과정에서 서산 대사가 보여준 역량과 구국의 정신을 존중하는 것과는 하등 관계가 없다. 특히 더 위로 거슬러 올라가면, 서산과 백곡의 계통인 부휴 선수는 사형제간으로 모두 부용 영관의 문도일 뿐이다. 여기에 척화오적에 꼽히는 신익성에게서 수학한 백곡이, 국가를 위해 대결단을 보인 구국의 영웅인 서산 대사를 추모하는 것은 어찌 보면 당연한 결과라고 할 수 있다.

신계사에서 바라본 금강산

6

전란의 극복 과정과
조선 정부의 태도

왜란의 극복 과정에서 비겁한 선조를 대신해 조정을 분할해 분조分朝를 이끌었던 광해군의 리더십과 공로는 매우 컸다. 때문에 광해군은 적자 콤플렉스가 있던 선조조차 어찌하지 못하는 상황에서 왕위에 오르게 된다. 광해군이 왜란이라는 일찍이 우리 역사에 없었던 7년 전쟁의 참화를 수습하는 과정 속에서, 진행한 일 중의 하나는 1617년 《동국신속삼강행실도東國新續三綱行實圖》를 간행하는 것이었다. 당시 조선이 극심한 재정 압박에 시달리고 있었다는 점을 고려한다면, 판화를 수록한 유교 윤리서의 간행은 매우 이례적인 일이다.

《동국신속삼강행실도》는 우리나라와 관련된 삼강 즉 군위신강·

부위부강·부위자강에 충신·효자·열녀의 미담을 더하여 판화 즉 삽화와 함께 수록한 책이다. 왜란이 1598년에 끝났다는 점과 《동국신속삼강행실도》의 간행 작업이 1614년부터 시작되었다는 점에서, 전후의 수습이라는 급박한 현실 속에서 책의 간행이 이루어졌다는 것을 알 수 있다. 그렇다면 왜 조선 정부는 《행실도》 간행을 시급한 과제로 여기고 이를 우선 처리하고 있는 것일까?

왜란은 부산으로 상륙한 왜군이 불과 20일 만에 수도인 한양을 함락하는 실로 어이없는 상황으로 전개된다. 부산과 서울의 거리를 고려하고 왜군은 조선의 길에 익숙하지 않다는 점, 또 당시는 산길이 상당 부분을 차지했다는 점 등을 고려한다면, 왜군이 20일 만에 도착한다는 것은 거의 전투 없는 무풍지대를 질주했음을 의미한다. 여기에 선조는 전쟁 발발 17일 만에 한양을 자발적으로 버리고 의주로 피난을 간다. 이러한 황당한 상황 속에서 발생하는 것이 바로 백성들에 의한 경복궁 방화이다. 즉 외침이라는 위기 상황에서 조선 정부와 유교는 백성의 곁에 없었던 것이다. 이는 이후 전쟁을 반전시키는 세력 역시 관군이 아닌 의병과 승군 그리고 명나라 지원군이라는 또 다른 외세일 뿐이라는 점에서, 조선과 유교의 무능함은 백일하에 드러나게 된다.

국가의 무능함과 지배층의 비열함은 조선이 국민의 신뢰를 잃는 위기에 봉착했다는 것을 의미한다. 이때 광해군 정부가 추진한 것이,

유교 윤리 교육을 통해서 아랫사람의 의무를 강조하는 측면이다. 즉 윗사람을 위해서 목숨 바쳐 희생하는 사람들의 예를 일반화해서, 사회적 불만과 반란의 가능성을 차단하겠다는 것이다. 마치 북한이 고난의 행군 때 사상 교육을 강화한 것과 유사하다고 이해하면 된다.

왜란을 거치면서 유교가 백성의 신뢰를 잃었다면, 불교는 오히려 민중의 지지를 확보하면서 반등한다. 국가의 전폭적 지원하에 고려 때까지 호황을 누리던 불교는 조선이 들어서면서 전대미문의 몰락의 길을 걷게 된다. 국가의 지원이 끊기고 국가와 유생들이 탄압하는 상황에서 불교가 유지될 수 있는 의지처는 민중뿐이었다. 이렇게 명맥을 유지하던 불교는 왜란이 발발하자 승군을 조직하며 국가와 민중을 위해 싸웠다. 양반들이 비겁하게 도망친 상황에서 승려들이 민중과 더불어 국난 극복에 앞장선 것이다. 이로 인해 유교에 실망한 백성들은 불교를 재인식하며 돌아서게 된다.

이는 양난 이후 사찰 법당에 신도들을 다 수용할 수 없어, 대형의 〈괘불도掛佛圖〉를 마당에 걸고 야단법석을 열었던 상황을 통해서 알 수 있다. 물론 불교 역시 전란 과정에서 많은 사찰이 전소되는 막대한 피해를 입었다. 그러나 민중의 지지와 많은 신도의 존재는 이후 이들 사찰이 별다른 어려움 없이 복구될 수 있도록 해준다. 즉 오히려 전란으로 인해 불교가 민중과 결합할 수 있게 되면서, 조선 불교가 단단한 반석 위에 우뚝 서게 된 것이다.

〈괘불도〉를 걸고 법회하는 모습

7
유교의 영향과
불교의식집의 재편 필연성

　신사임당申師任堂(1504~1551)과 허난설헌許蘭雪軒(1563~1589)은 2
세대 정도의 차이를 두고 강릉에 살았던 인물이다. 그러나 신사임당
은 '장가 간다'는 말로 상징되는 우리의 전통적인 결혼 풍습인 처가
살이에 따른 편안한 삶을 살았다. 즉 오죽헌이라는 신사임당 외할머
니 유산을 상속한 친정에서 눈치 볼 것 없는 인생을 살았던 것이다.
이 때문에 율곡의 부친인 이원수李元秀(1501~1561)는 경기도 파주에
서 대관령을 넘어 아들을 보러 와야만 했다. 이 같은 조건 때문에 신
사임당은 자기 주도적인 삶을 살 수 있었다.

　이에 반해 허난설헌은 초당 순두부의 창안자이기도 한 동인의
영수 초당 허엽草堂許曄(1517~1580)의 딸이다. 명문가답게 당시 허엽

허난설헌 시집

은 '시집 간다'는 말로 대변되는 중국 결혼 제도인 친영親迎을 택했다. 즉 우리가 잘 아는 조선 시대의 시집살이 방식인 것이다. 결국 허난설헌은 자녀를 앞서 보내고, 열다섯 살에 결혼한 김성립金誠立 (1562~1592)과 갈등 관계 속을 살다가 스물일곱의 나이에 요절하고 만다.

　신사임당과 허난설헌은 조선을 대표하는 최고의 여류이다. 그런데 같은 지역을 배경으로 함에도 불구하고, 두 사람의 결혼 생활 방식은 처가살이와 시집살이로 너무 달랐다. 이는 결국 두 사람 인생 방향과 발전 및 비극으로 운명 지어지게 된다. 그러면 비슷한 시기임에도 불구하고 왜 두 사람은 전혀 다른 결혼 방식을 살게 되었을까?

신사임당의 〈초충도〉

그 이유는 당시가 우리 전통의 처가살이가 중국식의 시집살이로 바뀌는 과도기였기 때문이다. 이로 인해 신사임당은 허난설헌에 비해 2세대나 앞선 인물이지만, 이렇다 할 명문가가 아니었으므로 전통적인 결혼 생활 방식을 취했던 것이다. 이에 비해 허엽의 가문은 당시를 대표하는 명문 양반가였기 때문에 앞장서서 중국식 결혼 방식을 선택한다. 즉 허난설헌 때에도 아직 처가살이는 일반적인 결혼 생활 방식이 아니었던 것이다.

1592년 임진왜란이 발발한다는 점에서, 조선 중기는 고려 이래의 우리 전통들이 주자학의 안정적인 확대로 인해 중국식으로 변모하고 있었음을 알게 한다. 이와 같은 예법禮法와 관련된 문화적 과도기의 한가운데 위치하는 책이 바로《주자가례朱子家禮》이다.《주자가례》는 주자가 편찬했다고 전해지는 유교 예법을 정리한 서적이다. 이 책의 전래는 고려에 주자학을 전래한 안향으로까지 소급된다. 그러나《주자가례》가 조선 문화의 기준으로 자리 잡게 되는 것은 왜란을 전후한 시기이다.

여기에 조선은 전후의 안정을 꾀하는 방식으로 국가와 지배층의 무능함을 유교 윤리 교육으로 덮으려는 시도를 한다.《주자가례》의 영향 확대에 따른 일반화와《행실도》를 통한 유교 윤리의 강조는, 조선을 예를 중시하는 경직된 예의의 나라로 치닫게 한다. 이것이 사계 김장생金長生(1548~1631)으로 대표되는 예학禮學 시대의 시작이다. 이 같은 흐름은 아들인 신독재 김집金集(1574~1656)과 후일 노론의 영수가 되는 우암 송시열宋時烈(1607~1689)로 계승된다.

조선 중기에 불어닥친 전통 예법의 중국식으로의 변화 그리고 예학의 강조는, 불교에도 영향을 주어 불교의식집의 재편을 촉발하게 된다. 즉 시대의 변화와 요청에 입각한 사찰 의례와 의식의 재편이 요청되고 있었던 것이다.

백곡이 벽암에게 수학 중이던 26세 때인 1642년, 합천 해인사에서 허응 보우의 《수월도량공화불사여환빈주몽중문답水月道場空花佛事如幻賓主夢中問答》(전1권)의 간행 때 〈발문〉을 짓는 것도 이 같은 흐름에 따른 것이다. 보우의 저술은 사찰에서 시행되는 불교의식을 불교 교리적인 관점에서 재정비한 것이다. 이외에도 백곡은 41세가 되는 1657년에는 벽암이 찬술한 의식집인 《석문상의초釋門喪儀抄》의 〈발문〉을 짓게 된다. 《석문상의초》에서 벽암은 이것이 유교의 상례에 버금가는 것임을 밝히고 있다. 즉 여기에는 상례와 관련된 정비의 필연성이 작용하고 있는 것이다.

백곡이 두 〈발문〉을 찬술한 것은 시기적으로 15년의 차이가 있지만, 두 책은 모두 불교의식집이라는 공통점을 가진다. 또 허응 보우와 벽암은 각각 불교 개혁과 의병장으로서 매우 바쁜 삶을 산 인물이다. 이런 점에서 두 고승의 불교의식집 찬술은, 당시의 시대 변화에 따른 불교의 가장 급박한 현실이 반영된 저술이라고 하겠다. 실제로 불교의식집의 재편은 서산 대사가 1557년에 찬술한《운수단雲水壇》이나 사명당의 제자인 허백 명조虛白明照(1593~1661)가 찬술하여 1670년에 간행되는《승가예의문僧伽禮儀文》또는 1636년 진일眞一이 정리한《석문가례초釋門家禮抄》등을 통해서도 확인해볼 수 있다. 즉 양란을 전후해서 불교적으로도 유교의 영향에 따른 불교의식집의 재편과 정리 작업이 진행되고 있었던 것이다. 바로 이와 같은 흐름 속에서 백곡 역시 주도적이지는 않지만 나름의 족적을 남기고 있는 셈이다.

8

백곡의 문명^{文名}과
인조를 위한 천도문^{薦度文} 작성

백곡의 유교와 시문에 대한 공부는 조선 시대의 특성상 매우 유용한 것이었다. 조선에서 문자를 아는 그룹은 유생과 승려에 국한됐다. 물론 여성들 중 한글 즉 언문을 아는 분들이 있었지만, 조선이 끝날 때까지도 한글은 주류의 문자는 아니었다.

한자는 상형문자에서 출발한 가장 오랜 기원을 가지는, 그럼에도 현재까지 사용되는 문자의 역사에서는 매우 당혹스럽고 아이러니한 문자다. 한자의 기원이 오래되었다는 것은 그만큼 문자가 원시적이라는 의미를 내포한다. 덕분에 한자는 어렵고 학습에 많은 시간이 요구된다. 때문에 한자를 사용할 경우 문맹률이 높을 수밖에 없다.

조선 유교에서는 국립학교인 향교와 사립학교인 서원을 통해 교육이 이루어진다. 또 사찰에서는 일종의 미션스쿨이라고 할 수 있는 강원講院을 통해 문자와 불교 교육이 진행된다. 이 때문에 조선을 통틀어 문자를 아는 집단은 유생과 승려만 존재했다. 문자를 아는 집단의 존재는 여차하면 지배층으로 전환될 수 있다는 의미이다. 고려 말에 신진사대부가 불교의 승려들을 대체할 수 있었던 이유도, 그 배경에는 문자에 대한 이해가 존재하였기 때문이다. 따라서 과거 전역사의 모든 기득권층은 문자를 아는 집단을 심하게 견제했다. 견제를 하는 가장 손쉬운 방법은 신분을 격하시키는 것이다. 고려의 지배층이었던 승려가 조선 시대로 넘어오면서 최하층으로 전락하는 것은 바로 이런 이유 때문이다.

유생과 승려가 같은 한자를 사용하는 것은 맞지만, 그럼에도 유교와 불교는 각기 다른 문화 배경에 의해 서술 방식에 차이가 존재하게 마련이다. 즉 한국이나 북한 또는 연변이 모두 같은 언어를 사용한다 하더라도 말의 세련미나 설득 구조가 다른 것과 같다. 조선의 주류는 당연히 유교를 학습한 유생들이다. 이런 점에서 유교식 설득 구조와 문장 법식을 알고 있다는 점은 백곡에게 매우 유리하게 작용한다. 마치 영국식 영어를 사용하여 격조 있는 문장을 구사할 수 있는 사람이, 미국 사교계에서 쉽게 주목 받을 수 있는 것처럼 말이다.

백곡은 30세가 되는 1646년 스스로 "글공부가 완성되어 세상에 나가게 되었다"고 자평한다. 이런 자평의 이면을 〈백곡처능사비명〉을 통해서 보면, 아직 즉위하기 전의 효종(봉림대군)에게 벽암이 보낸 백곡의 인간 본성에 대한 글을 보고, 다음과 같이 칭찬하는 내용을 확인해 볼 수 있다.

문장의 덕이 탈속하며 글자가 반듯하면서 굳건한데, 선禪의 그윽함을 잘 갖추고 있어 마음이 경도되는 바가 있다.

인조는 반정 이후 명나라를 위한다는 사대 명분에 휩싸여, 병자호란을 촉발하면서 남한산성에서 항복하는 삼전도의 치욕을 겪는다. 장남인 소현세자가 심양으로 압송되고 나서, 이후 명을 정복한 청과 조선의 관계가 회복되며 소현세자는 귀국한다. 그러나 청은 무력만 강한 오랑캐라는 인조 및 조정의 관점과, 청의 발전한 문물을 목격한 소현세자 간에 갈등이 촉발된다. 이로 인해 결국 소현세자는 죽임을 당하고, 봉림대군이었던 둘째 아들 효종이 보위에 오른다.

벽암은 효종의 잠저 시절에 인연이 있었으며, 이로 인해 효종은 벽암에게 화엄에 대해서 질의한 적도 있었다. 이 같은 인연으로 효종이 즉위하는 1650년에 벽암이 주석한 화엄사는 '선종대가람'으로 승격된다. 이러한 벽암과 잠저 시절 효종과의 관계 때문에 백곡의 글을 봉림대군이 볼 수 있었던 것이다.

〈삼전도비〉

왕실을 대표한다고 할 수 있는 왕위 계승 서열 2위인 봉림대군이 백곡의 문장을 인정한 것은 백곡과 주변인을 놀라게 하기에 충분했다. 또 이와 같은 결과가 가능한 것은 백곡이 유교적인 문장을 구사함으로써 불교적인 내용을 전개했기 때문이다. 백곡의 문장력은 당시의 문인인 식암 김석위金錫胄(1634~1673)의 "대사의 문장은 광대무변하여 계곡과 강물이 일시에 쏟아져 나오는 듯했다"는 등의 언급을 통해서도 확인할 수 있다. 즉 백곡은 당대에 이미 정견正見을 갖춘 문사로서, 벽암은 물론 주변인들에게까지 폭넓은 인정을 받았던 것이다.

백곡이 벽암 문도의 대표적인 문장가였다는 점은, 33세인 1649년에 붕어한 인조를 위한 천도재에서 소문疏文을 작성한 것에서도 확인해볼 수 있다. 구례 화엄사는 신라하대 화엄종의 두 계보인 남악南岳과 북악北岳 중 관혜觀惠가 이끄는 남악계의 본찰이다. 관혜의 남악 화엄사는 후삼국 시대에 후백제의 견훤을 지지했다. 이는 해인사를 중심으로 하는 북악의 희랑希郞이 왕건을 지지한 것과 대비된다. 견훤의 몰락과 왕건의 통일, 그리고 고려의 개국은 이후 화엄종이 북악인 해인사를 중심으로 전개됨을 의미한다. 그러나 그럼에도 전라도를 중심으로 하는 백제권에서 화엄사의 위상은 후대까지 유전되었다.

지리산 화엄사

화엄사는 의병장이기도 했던 벽암이 가장 중시한 사찰이다. 특히 화엄사는 전라도 의병 활동의 중심지이기도 했는데, 이는 바꿔 말하면 화엄사가 왜란의 병화를 피할 수 없었다는 것을 의미한다. 실제로 화엄사는 1597년 가토 기요마사加藤清正(1562~1611)에 의해 전소되는데, 이때 신라하대에 《화엄경》을 돌에 새긴 화엄석경華嚴石經 등의 초특급 국보들도 함께 파괴된다. 돌에 새겨 영구적으로 보관하려던 노력도 장육전丈六殿의 전소와 함께 산산조각이 나서 부서지고 만 것이다. 현재 이 화엄석경은 파괴된 상태임에도 불구하고 문화재적 가치가 막대하여, 보물 제1040호로 지정되어 있다.

벽암은 정유재란으로 전소된 뒤 약 1세대나 방치되어 있던 화엄사를 1630~1636년에 걸쳐 중창한다. 말이 중창이지 전소 후의 상황이라 신창에 가까운 노력이 필요한 양상이었다. 벽암은 화엄사 외에도 쌍계사와 송광사의 중창에도 간여했다. 즉 전란 이후 호남의 사찰에서 벽암 문도의 역할은 지대했던 것이다.

벽암이 화엄사 중창을 마친 13년 후인 1649년, 인조반정과 병자호란으로 대변되는 군주인 인조가 붕어한다. 인조의 뒤를 이은 것은 잠저 시절부터 벽암과 교류가 있었던 봉림대군, 즉 효종이다. 효종은 소현세자와 함께 심양에 볼모로 끌려갔지만, 청나라를 통해 새로운 세계에 눈을 떠 청에 긍정적이었던 소현세자와 달리 청을 극복의 대상으로만 인식했다. 이 때문에 청에게 받은 치욕을 잊지 못하던 선

화엄사 각황전 앞 석등

조에 의해 소현세자가 죽자, 왕위를 계승하게 되는 것이다. 효종이 천명한 것은 조선의 힘을 길러 청을 타도하자는 북벌北伐이다. 그러나 효종의 치세는 청이 본격적으로 융성하기 시작하는 순치제 때로, 이는 현실적인 올바른 판단으로 볼 수 없다. 즉 과거에 얽매어 이상주의적 판단을 하는 군주가 바로 효종인 셈이다.

벽암과 효종의 관계는 새로 중창된 화엄사에서 벽암의 주도로 인조의 천도법회道場薦福가 개설되도록 한다. 이때 벽암은 천도문의 작성을 백곡에게 지시한다. 왕조 국가에서 군주와 관련된 일은 당연히 가장 능력 있는 사람이 하게 마련이다. 그러므로 이를 통해서 우리는 벽암 문도 중에 백곡만 한 문장가가 없었으며, 이를 벽암도 인정하고 있었다는 것을 알게 된다. 즉 백곡이 스스로 문장에 대한 자신감을 피력한 것처럼, 세상 역시 백곡을 인정하고 있었던 것이다.

조계산 송광사

2

봉은사의 삼세불상
불사 참여와
대둔산 안심사의 주석

백곡은 30세를 기점으로 점차 명성을 떨치며 안정된 길로 접어들게 된다. 그리고 36세가 되는 1652년이 되면, 어엿한 종장으로서의 면모를 보이기 시작한다. 12세에 출가하여 17세부터 수학하였으니, 36세라면 대략 20년 정도를 유교와 불교를 수학한 결과이다. 오늘날이야 36세면 젊은 나이지만, 당시는 일찍 혼인하고 또 평균수명도 길지 않았다는 점을 고려할 필요가 있다. 예컨대 신사임당이 48세에 사망했고, 율곡도 49세를 일기로 타계했으니 말이다.

백곡은 36세가 되는 1652년(혹 1651년)에 봉은사의 목조 삼세불상三世佛像 조성에 진금대화사眞金大化士로 참여한다. 대화사란 불상 조성의 주류를 담당하는 모연募緣 화주자化主者를 의미한다. 그러므로 진금대화사란 불상의 개금에 필요한 금을 모연한 공덕주를 나타내는 말이다. 지금도 금값이 비싸지만, 과거로 올라갈수록 금 가격은 더욱 치솟는다. 이런 점에서 백곡이 불상 조성과 관련된 가장 비중 있는 부분을 담당했다는 추정이 가능하다. 즉 백곡이 자신의 반연絆緣을 동원하여 봉은사의 목조 삼세불상을 조성하는 데 중요한 역할을 담당한 것이다.

봉은사는 문정왕후와 허응 보우에 의해서 선종을 대표하는 수사찰로 선정되는데, 이후 벽암의 남한산성 축성과 관리 등과 관련해서 벽암이 봉은사 주지를 지내게 된다. 이런 연유로 봉은사를 일신하는 과정에 백곡이 참여하는 것이다.

봉은사 삼세불상은 현재 봉은사 대웅전에 봉안되어 있는 '아미타불(서방)-석가모니불(중앙)-약사여래불(동방)'의 삼존불로 보물 제1819호로 지정된 〈봉은사목조석가여래삼존좌상〉을 가리킨다. 사실 삼세불이라는 표현은 여기에서 '세世'자가 시간의 의미를 띤다는 점에서, '제화갈라보살(과거)-석가모니불(현재)-미륵보살(미래)'의 세 부처님을 가리킨다고 하는 표현이 타당하다. 즉 이 명칭은 조선이라는 불교문화에 대한 이해가 적은 상황에서 발생한 부정확한 표현인 셈이다. 그러므로 '아미타불(서방)-석가모니불(중앙)-약사여래불(동방)'을 조성했을 때에는 공간적 의미를 가지는 '계界'라는 글자를 사용해 삼계불이라고 하는 것이 맞다. 아니면 중립적 의미로서 삼존

봉은사 목조석가여래삼불좌상

불이라고 하는 정도가 온당하다.

백곡의 봉은사 불사 참여는 봉은사와 관련해 허응 보우의 정신이 계승되었다는 점에서 주목된다. 즉 조선 불교를 중흥하려는 허응 보우의 노력과 벽암의 호국 불교적 가치가 백곡으로 연결되고 있는 것이다. 백곡의 시대에 가장 중요한 임금인 현종은 즉위 직후부터 불교를 말살하려는 정책을 전개하고, 이 과정에서 현종 2년인 1661년에는 봉은사와 봉선사를 파괴하고 폐사하려는 움직임까지 보인다. 이때 백곡은 죽음을 각오하고 국왕까지도 사정권에 두는 비판 상소인 〈간폐석교소〉를 올린다. 이러한 백곡의 위법망구爲法忘軀, 즉 진리

봉은사

를 위해서 몸을 아끼지 않는 순교자적 자세는 허응 보우와 벽암의 정신을 계승한 결과라고 할 수 있다.

백곡은 같은 해인 1652년에 속리산 법주사의 장육금신상丈六金身像 중수에도 참여한다. 법주사는 부휴 선수계의 문손들이 주로 활동한 사찰로 벽암 역시 법주사와 인연이 깊다. 이로 인해 벽암의 입적(1660) 후인 1664년에는 〈법주사벽암대사비〉가 건립된다. 물론 벽암의 주된 교화 사찰은 화엄사라는 점에 이견이 있을 수 없다.

법주사는 신라하대 진표율사의 문손인 영심永深이 실질적으로 창건한 사찰이다. 진표는 미륵불을 본존으로 모시는 유가법상종瑜伽法相宗에 속하는 금산사의 승려이다. 이로 인해 법주사는 미륵 도량으로 발전하며, 신라하대인 제36대 혜공왕(재위 765~780년) 때는 청동으로 조성된 약 4.8미터에 달하는 미륵장육존상이 건립되기도 한다.

왜란이 발발한 직후 일본은 처음에는 불교를 신앙하는 입장에서, 사찰에 대해 나름대로 관대했다. 그러나 이후 조선의 승군이 전란에서 왜군에 맞서 대대적인 활약을 하면서, 왜군은 사찰에 대해 전소 방침을 취하게 된다. 이때 법주사 역시 심각한 타격을 입었다. 이로 인해 1598년 왜란이 끝난 뒤인 1602~1624년에 걸쳐 법주사 팔상전捌相殿이 사명당과 벽암에 의해 중건되는 등 법주사에 대한 대대적

속리산 법주사

인 중창과 재정비가 이루어진다. 이러한 과정의 일환으로 1646년에 미륵장육존상에 대한 중수가 진행되는데, 이 과정에서 벽암의 법제자인 백곡이 참여하게 되는 것이다.

그러나 이렇게 양란을 이겨낸 미륵장육존상은, 비교적 최근인 1872년 대원군의 경복궁 중건 과정에서 당백전을 주조하기 위해 해체되어 녹여지고 만다. 1,000년도 넘게 유지되던 초특급 세계문화유산이 하루아침에 파손된, 무지의 참극이 빚은 참으로 안타까운 사건인 셈이다. 이후 일제강점기에 이를 복원하기 위한 노력으로 1939년 김복진에 의해서 시멘트로 미륵 대불이 조성되기 시작한다. 그러나 이마저도 경제적 상황 속에서 여의치 않아 결국 완성된 것은 1964년이 되어서였다. 이후 시멘트 미륵 대불이 너무 흉측하고 안쓰럽다는 의견 속에, 1987년부터 1990년까지 총4년여에 걸쳐 높이 33미터의 청동미륵대불이 조성되기에 이른다.

이해에 백곡은 대둔산 안심사安心寺를 자신의 주석처이자 홍법의 도량으로 삼는 면모를 보인다. 안심사는 백곡이 만년에 가장 오래 주석하면서 설법과 후진 양성을 도모한 사찰이다. 안심사 주석이 본격적으로 이루어진 것은 41세 때인 1657년이다. 백곡의 입적은 64세이므로 약 20여 년을 안심사를 중심으로 보냈음을 알 수 있다. 이렇게 놓고 본다면, 백곡은 20~40세 무렵까지는 벽암의 문하에서

법주사 팔상전

수학 겸 식견을 넓혔고, 그 뒤로 20여 년은 안심사에서 자기 주도식 교화에 매진하는 삶을 살았다 할 수 있다.

이 같이 백곡이 안심사에 자리를 잡게 되면서 안심사는 사세가 일신하면서 크게 번창하는데, 이로 인해 백곡의 입적 후에 안심사에는 백곡의 부도가 모셔지게 된다. 또 같은 해 백곡은 대둔산 정관의 제자인 임성任性에 대한 자료를 모아《임성당대사행장任性堂大師行狀》1권을 찬술한다. 이는 어떤 의미에서 백곡이 현존할 때 남긴 유일한 단행본 저술이다. 백곡의 저술을 모아 편찬한 문집인《대각등계집》은 백곡이 64세(1680년)를 일기로 입적한 3년 후인 1683년에 문도들이 2권으로 편찬한 것이기 때문이다.

대둔산 안심사 금강계단

〈안심사사적비〉. 명조 때(1759년) 세운 비로 절의 주지였던 백곡 처능의 부탁으로 우의정 김석주가 지었다.

<u>10</u>

예법의 강조 속에
경직화되는 주자학

앞에서도 이야기했듯이, 조선 중기는 《주자가례》의 확대에 따라 우리 전통 예법이 중국식 유교 예법으로 전환되는 시기이다. 여기에 왜란에 따른 외부적 충격과 이를 극복하는 과정에서 제기된 광해군 정부의 《동국신속삼강행실도》의 간행은, 예법의 문제가 일반적으로까지 폭넓게 환기되는 역할을 한다.

여기에 4대 사화인 무오사화(1498년, 연산군 4년), 갑자사화(1504년, 연산군 10년), 기묘사화(1519년, 중종 14년), 을사사화(1545년, 명종 원년)를 겪으며, 훈구파를 누르고 조선을 장악한 사림은 유교의 논점을 이치가 아닌 실천의 문제로 전환한다. 사실 이 시기가 되면, 한반도에 주자학이 전래한 것도 어느덧 250년에 이른다. 즉 학문적인 큰 줄기는 모두 연구되어 더 이상 변화가 어려운 상태에 돌입한 것이다. 여기에 주자학의 원칙론을 고수하는 사람으로서는 학문적 연구의 자율성이 상대적으로 떨어질 수밖에 없다.

율곡학파의 주류로 서인의 영수였던 우암 송시열(1607~1689)은, 백호 윤휴尹鑴(1617~1680)가 사서四書 중 하나인 《중용中庸》에 대해서 주자의 《중용장구中庸章句》와는 다른 주석을 하자, 논산의 황산서원黃山書院(현 죽림서원)에서 크게 우려를 표명한다. 이때 송시열이 한 말은 조선 중기를 거치면서 주자학이 사림을 통해 얼마나 폐쇄적으로 변모하는지 잘 나타내준다.

하늘이 공자를 이어서 주자를 세상에 내신 것은 만세의 도통道統을 위해서이다. 주자 이후로 하나의 이치도 드러나지 않은 것이 없고, 하나의 글자도 분명하게 밝혀지지 않은 것이 없다. 그런데 윤휴가 스스로 자신의 견해를 내서 마음대로 자기주장을 내세운다.

송시열의 말인즉슨, 주자의 말만 금과옥조로 여기면 되지 여기에 단 하나도 더 보탤 것은 없다는 뜻이다. 이는 광적인 사이비 종교에서나 볼 수 있는, 실로 놀라운 발언이 아닐 수 없다. 실제로 당시 배석했던 윤선거조차 "이치는 천하가 함께 궁구하는 공물公物인데, 지금 윤휴로 하여금 감히 말하지 못하게 하는 것은 무슨 까닭인가?"

라고 했을 정도였다.

　이후 송시열은 윤휴를 사문난적斯文亂賊, 즉 '주자학을 어지럽히는 악인'으로 규정하여 임금으로 하여금 사약을 내리게 한다. 이때 윤휴가 죽으면서 했다는 "주자는 알고 나는 모른단 말인가!"라는 말은 조선 주자학의 한계상을 여실히 드러내는 유명한 언설로 오늘날까지도 회자하고 있다. 물론 송시열이 윤휴를 죽인 데에는 정치적인 정적의 제거라는 측면도 존재한다. 그러나 당시 대외적 명분은 《중용》에 대한 주석 차이였다. 어떤 의미에서 선비는 유학자 즉 사상가인데, 이 같은 관점 차이로 사람을 죽일 수 있다는 것이 그저 놀랍기만 하다. 즉 이때부터는 경직성만 남은 화석화된 존재가 바로 조선이며, 조선 유교인 셈이다.

　조선 후기 열녀가 되는 상황을 보면, 결혼은 고사하고 정혼한 뒤에 남자가 질병 등으로 먼저 죽으면 목을 매달아 자살하는 경우도 다수 목도된다. 당시는 양가 부모에 의한 일방적인 중매결혼이었고, 정혼은 상황에 따라서는 어린 시절에 이루어지기도 한다. 즉 여성으로서는 정혼 관계인 상대 남성을 단 한 차례도 보지 못한 상황에서 목을 매달아 자살하는 것이다. 이런 일이 어떻게 가능할 수 있을까? 그것은 도덕과 예교禮敎에 의한 강력한 세뇌가 존재했기 때문이다. 마치 북한에서 집에 불이 나자 다른 것은 다 차치하고 김일성 사진을 가슴에 안고 나왔다는 것과 유사한 상황이라고 이해할 수 있다.

조금 뒤의 인물인 청나라의 고증학자 대진戴震(1723~1777)은 동아시아 유교의 세뇌 구조를 개탄하면서, "사람이 법에 걸려 죽으면 그래도 동정을 받건만, 도덕과 명분〔理〕에 의해 죽을 경우에는 누구도 슬퍼하지 않는다!"라고 신랄하게 비판했다. 이를 '이리살인以理殺人' 즉 "이치가 사람을 죽인다"라고 한다.

조선 중기는 왜란이라는 외부적 충격과 이를 수습하는 데 따른 혼란, 그리고 이 와중에 명나라와 청나라에 대한 인식 차이에서 발생하는 광해군의 폐위와 인조반정 등으로 깊이 얼룩진다. 특히 인조반정의 최대 명분이 표면적으로는 폐모살제廢母殺弟, 즉 어머니를 폐하고 동생을 죽였다는 윤리 논리였다는 점을 우리는 유념할 필요가 있다. 폐모살제의 대상은 선조의 계비 즉 광해군의 계모인 인목대비와, 선조와 인목대비 사이에서 태어난 적자인 영창대군을 가리킨다.

광해군은 장자이기는 했지만 적자는 아니었다. 이런 상황을 적통 콤플렉스가 있던 선조 역시 탐탁지 않게 여겼다. 그러나 왜란의 수습 과정에서 분조를 이끌며 난의 타개에 혁혁한 공로가 있었기 때문에 왕위는 광해군에게로 넘어간다. 그러나 적자가 생존해 있는 상황이라는 점은 왕권을 위협하는 측면이 되기에 충분했다. 이 문제를 해소하는 과정에서 폐모살제가 이루어지고, 결국 이것이 빌미가 되어 반정까지 발생하는 것이다.

물론 여기에는 당파에 얽힌 복잡한 정치적 역학 관계가 존재한다. 그러나 당시 최대 명분이 폐모살제라는 윤리적인 부분이며, 여기에서 보다 근본적인 것은 '폐모'였다는 점에 주목할 필요가 있다. 즉 도덕 및 예법과 관련된 측면이, 이제는 국왕도 바꿀 수 있는 강력한 힘으로 존재하고 있는 것이다.

도덕과 예법의 강조는 이제 누구도 거스를 수 없는 조선 주자학의 본류가 된다. 여기에 명나라가 조선을 구하다가 망했으니, 은혜를 갚아야 한다는 논리까지 더해지면서 폭발력은 보다 강력해진다. 특히 호란 이후에 삼전도의 치욕을 겪은 인조로서는 청나라에 굴복은 했지만, 청과는 도저히 함께 갈 수 없는 깊은 원한을 가지게 된다는 점에서 더욱 그렇다. 이런 시대 배경 속에서 등장한 효종이 북벌을 국시로 천명한 것도 충분히 타당한 일이었다. 때문에 효종 때까지는 북벌이라는 큰 화두에 눌려 예법의 문제가 조정에서까지 격론의 대상이 되지는 않았다. 물론 여기에는 양난 이후의 회복과 안정이라는 현실적 문제를 처리할 필연성도 존재했음은 재론의 여지가 없다.

그러나 효종이 붕어하고 신왕인 현종이 즉위하면서, 예론은 남인과 서인 간의 당파싸움의 최고 핵심으로 등장하게 된다. 현종이 즉위할 때는 호란이 끝난 뒤로도 24년이 경과한 시점이다. 즉 이제는 전후의 안정기에 접어든 상황인 셈이다. 이는 예론이 조정의 논의에서 강력한 핵심으로 등장하도록 하는 한 배경이 된다.

예법에 대한 격론은 효종의 붕어와 함께 시작되어, 이후 한 차례 더 발생한다. 이 와중에 집권당이 바뀌면서 무수히 많은 선비가 죽거나 귀향을 가게 된다. 이를 1·2차 예송 논쟁이라고 한다. 즉 예법과 관련된 명분이 집권당을 바꾸고, 상대 당의 선비들을 몰살시키는 세계 역사상 희한하기 짝이 없는 이념 전쟁이 시작된 것이다.

11

예송 논쟁과
불교의 말살을
시도하는 정국

1차 예송인 기해예송己亥禮訟은 효종이 붕어하는 1659년 즉 현종 원년에 발생한다. 논점은 현종 즉 봉림대군은 종법宗法에 입각한 가계家系로는 소현세자의 동생인 차남이지만, 왕위를 계승했으니 왕통으로는 국왕의 권위 차원에서 장남으로 볼 수 있다는 것이다. 즉 가계가 우선이냐, 국왕의 권위가 우선이냐의 문제인 셈이다.

효종을 볼 때, 차남으로 보는 것이 우선이냐 군주로 보는 것이 우선이냐에 대한 것은, 일반적인 보편윤리 속에 군주도 포함되느냐 아니면 군주는 별도로 이해될 수 있느냐의 문제이다. 현대의 '법 앞의 평등'을 주장하는 관점에서 보면, 당연히 전자가 맞고 국왕의 특권은 허용될 수 없다. 그러나 현대에도 영국 여왕은 어떤 상황에서도 기소되지 않는 면책 특권 등을 가진다는 점을 우리는 상기할 필요가 있다. 더구나 조선은 근세의 왕조 국가가 아니던가!

실제로 홍길동은 홍 판서의 아들이지만, 어머니의 신분이 낮아서 종모법從母法 즉 어머니의 신분이 세습되는 측면 때문에 서자로서 신분이 낮게 된다. 그러나 조선 왕실은 상황이 다르다. 장희빈은 신분이 낮았지만 국왕에 의해서 신분 세탁이 이루어지고, 결국 장희빈의 아들인 경종이 즉위하지 않는가! 즉 조선 시대 국왕에게는 신분제를 넘어설 수 있는 특권이 있었던 셈이다. 우리는 조선 시대를 배경으로 하는 사극에서 이런 경우를 많이 봐서 익숙함에 둔감하지만, 유럽 왕실에서 이런 일은 절대 있을 수 없다. 때문에 유럽의 역사학자들은 "동아시아에서는 천민을 데려다 왕을 시키는 풍속이 있다"고 적기도 한다. 나는 이런 글을 처음 읽었을 때, '우리가 언제 천민을 왕으로 삼았나?'라고 의아해했다. 그런데 자세히 읽다 보니 경종 같은 경우를 두고 하는 말임을 알았다. 즉 우리에게는 익숙하지만, 그들로서는 무척이나 놀라운 일인 셈이다.

왕이 일반 원칙을 넘어서 있다는 것은, 군주권을 계승한 이가 실질적인 장자라는 관점도 성립할 수 있다는 것을 의미한다. 바로 이 부분에서 율곡학파인 서인과 퇴계학파인 남인이 대립하게 되는 것이다.

당시 실질적인 문제가 된 것은 효종이 붕어한 이후 계모인 자의대비慈懿大妃(趙大妃)의 상복 기간을 어떻게 결정할 것이냐에서 시작된다. 송시열과 송준길을 위시한 서인은 1년간 상복을 입는 기년복幕年服을 주장했다. 이는 차남의 사망에 대한 부모의 상복 기간이다. 그러나 적자이자 장남인 경우는 3년 복을 입는 것이 《주자가례》에 입각한 원칙이었다. 이에 반해 허목許穆과 윤휴 및 윤선도를 필두로 하는 남인은 3년복을 주장했다. 즉 왕통을 계승했으므로 장자의 예로 해야 한다는 것이다.

이 문제는 언뜻 보기에는 간단한 것 같지만, '왕실의 권위를 일반 사대부 위에 놓아 특화시킬 것이냐?'와 '국왕 역시 사대부에 속하는 첫 번째 사대부로만 이해할 것이냐?'의 문제를 내포한다. 실제로 조선의 최초 설계자인 정도전은 국왕을 '제1사대부'로 규정하여 사대부 범위 안의 군주를 상정하려고 했다. 물론 이것은 이방원에 의한 왕자의 난으로 무력화된다. 이 문제가 사림이 조정을 장악하는 과정에서 예법 문제와 결부되어 다시금 대두하고 있는 것이다.

또 왕통의 권위를 특화시키지 못할 경우에는, 차남이 왕위를 승계한 것이 분명해지면서 국왕과 왕실의 권위에 손상이 가게 된다. 즉 왕권과 신권의 문제에서 신권이 강해질 수 있는 것이다.

당시 논쟁이 격화되는 상황에서, 새로 즉위한 19세의 어린 효종은 왕실의 권위가 무시되는 것 같음에도 여당인 서인을 어떻게 할 수가 없었다. 이때 영의정이었던 정태화鄭太和가 명나라의 《대명률大明律》

《경국대전》

과《경국대전》에 근거하여, "어머니는 장자와 중자에게 모두 기년복을 입는다"는 내용을 들어 논쟁을 중지시킨다. 즉 석연치는 않았지만, 왕실의 권위를 잃지 않는 선에서 서인의 1년설이 받아들여지게 된 것이다. 이것이 바로 1차 예송인 기해예송의 결과이다.

2차 예송은 현종 15년인 1674년에 발생하는데, 이때가 갑인년이므로 이를 갑인예송甲寅禮訟이라고 한다. 이때의 사건 역시 1차 예송 때와 유사한데, 다만 다른 점은 이때는 현종의 둘째 부인인 인선왕후仁宣王后가 사망했다는 점이다. 자의대비는 효종의 계비로 29세나 어렸기 때문에 이때도 살아 있었다. 즉 이번에는 며느리의 사망 때 시어머니의 상복이 문제가 된 것이다. 인선왕후를 큰며느리로 볼 경우에 자의대비는 1년 복을 입어야 하고, 작은며느리로 볼 경우에는 9개월 복(大功服)을 입어야 했다. 그런데 이때는 정태화와 같은 교묘한 중재가 성립할 수 없었다. 이로 인해 서인이 9개월 복을 주장하고 남인이 1년 복을 주장하자, 앞선 1차 예송까지 다시금 재검토되면서 서인은 국왕과 왕실을 능멸한 것으로 몰리게 된다. 즉 집권 세력이 서인에서 남인으로 바뀌게 된 것이다. 당시는 현종 15년으로 현종 원년 때와는 달리 국왕의 국정 주도권 강화와 왕실의 권위를 위한 필연성이 존재했다. 이런 상황에서 효종이 2차 예송을 빌미로 집권 세력을 바꾸고 있는 것이다. 그러나 현종은 바로 이 해에 서른네 살의 젊은 나이로 요절하면서, 서인은 극단적인 참극은 피하게 된다. 그리고 뒤를 이은 군주가 바로 장희빈 사건으로 유명한 제19대 숙종이다.

숙종 6년인 1680년 남인은 집권기가 길어지면서 점차 교만해지고, 결국 남인 출신의 영의정 허적許積이 개인 연회에 왕실의 천막을 유용한 것이 빌미가 되어 남인이 축출되며 서인이 집권하는 경신환국庚申換局, 즉 경신대출척庚申大黜陟이 단행된다. 이후 집권 세력이 된 송시열이 남인인 윤휴를 사문난적으로 몰아 죽이는 사건이 벌어진다. 이렇게 놓고 본다면, 윤휴의 사망에는 예송과 집권 세력 간의 갈등 양상이 얽힌 복합적인 역학 관계가 존재했다고 하겠다.

현종은 집권의 시작과 끝을 1·2차 예송으로 하고 있다. 이런 점에서 현종 당시 예론의 문제는 매우 심각한 사회와 정치적인 이슈였다는 점을 알 수 있다. 여기에 예론에 따른 엄격 주의자들은 효종 만년부터는 불교를 점차 억압하려는 움직임을 보이기 시작한다. 이는 송시열과 함께 양송으로 불린 동춘당 송준길宋浚吉이, 효종 8년인 1657년에 아뢴 《효종실록》권19의 다음과 같은 기록을 통해서 인지해 볼 수 있다.

송준길 : 신이 듣건대, 봉은사에는 우리 조정 선왕들의 위패가 봉안되어 있습니다. 그런데 재齋를 지낼 때면, 불상을 남면南面(남향)으로 설치하고 선왕의 위패는 북면北面(북향)으로 배치해 올린다고 합니다. 이는 도저히 좌시할 수 없는 일이니, 속히 처치하시기 바랍니다.

효종 : 일이 매우 놀랄 만하구나. 담당 부서로 하여금 봉은사에서 위패를 철거토록 하고 정결한 곳에 묻어서 안치토록 하여라.

여기에서 송준길이 제기하는 문제는 불상이 남면하고 왕실의 위패가 북면하는 부분이다. 동아시아의 전통에서는 주周나라 이래로 군인남면지술君人南面之術이라고 해서, 군주는 남면하고 신하는 북면하는 전통이 확립된다. 즉 존귀한 분은 남면하고 하열한 존재는 북면하는 것이다. 이는 제사를 지낼 때, 위패는 남면하고 제주는 북면하는 것을 통해서도 확인해 볼 수 있다. 그런데 사찰에서는 불상을 남면시키고 선왕의 위패는 북면시킨 것이다. 이는 부처님은 높고 존귀하며 선왕들은 상대적으로 낮다는 의미가 된다. 이를 송준길이 문제 제기하고 있는 것이며, 효종 역시 문제라고 판단해 위패를 땅에 묻는 매안埋安 조치를 취하게 하고 있는 것이다.

봉은사에서 선왕의 위패를 모시고 재를 올린 것은 당시에 새롭게 시작된 것이 아니라, 문정왕후 때 봉은사가 선종 수사찰이 되면서부터 내려오던 전통이었다. 그런데 갑자기 이 부분이 문제로 제기되고 있는 것이다. 이는 당시에 예법에 대한 인식의 강조 속에서, 문제를 제기해 불교와 왕실의 관계를 끊으려는 움직임으로 이해된다. 선왕들의 위패가 봉은사에 모셔져 있다면, 그 권위 때문에 유학자들도 봉은사를 함부로 할 수 없다. 그러나 선왕의 위패가 없다면, 봉은사는 유학자들 앞에서 무장 해제되는 상황과 같게 된다. 이런 점에서 본다면, 이 기사는 효종의 만년부터 서인이 주도하는 사림의 원칙주의가 작동하면서, 불교가 점차 설 자리를 잃어가는 모습을 잘 나타내준다.

이 같은 상황은 현종의 즉위와 함께 더욱 강조되면서 표면화되기 시작한다. 《현종실록》에는 현종 초기의 불교 탄압이 현종의 주도로 이루어진 것으로 기록되어 있다. 그러나 당시 현종은 19세에 등극한 젊은 군주라는 점과, 집권층인 서인의 당론에 맞서기 어려웠다는 점을 고려할 필요가 있다. 즉 현종 초기에 벌어지는 불교에 대한 공세는, 서인이 주도하는 불교에 대한 반감에 젊은 군주인 현종이 편승한 정도로 이해하는 것이 타당하다는 말이다.

현종 1년인 1660년 봄부터는 원당願堂에 대한 혁파가 본격적으로 논의되기 시작한다. 원당이란, 왕실이나 고위층이 자신을 위해 기도하도록 만들거나 사후에 명복을 빌도록 하는 일종의 개인 사찰이다. 원당의 존재는 왕실이나 집권층의 불교에 대한 후원과 비호가 존재한다는 것을 의미한다. 그런데 이 연결고리를 끊는 작업이 진행되고 있는 것이다. 이는 당시 불교의 입지를 붕괴시키는 일이었다.

양난 과정에서 승군은 매우 탁월한 활약상을 보였고, 전후 수습과 관련해서 불교는 민중의 지지를 얻게 된다. 그러나 승군의 활약상은 조선의 위정자 입장에서는 오히려 위험 요소로 인식되었으며, 예론의 발달에 따른 엄격성은 주자학적 관점 속에 불교가 존재할 수 없다는 점을 다시금 환기시켜준다. 또 현실적 문제로 출가자의 군역이나 신역의 면제와, 출가를 통한 인구 증가의 감소는 경제적 면에서 부정적으로 인식되었다. 이 같은 이유들이 현종 초기 서인이 주도하는 불교 탄압의 배경이다. 즉 불교는 위험 요소를 내포할뿐더러 경제적으로 도움이 되지 않는 이단의 제거 대상이었던 것이다. 백곡이 현종 2년에 올린 불교를 폐지해서는 안 된다는 상소문인 〈간폐석교소〉의 핵심 내용 역시, 경제와 군역 그리고 이단의 문제를 변증하고 있다. 즉 이는 당시 불교 비판의 일반론이었던 것이다.

《현종실록》 권3에 수록된 현종 1년(1660년) 12월 19일의 기사에는 비구니가 신역 면제를 요청하자, 서울 밖의 양민으로 승려 된 이들을 모두 환속시키라는 하교가 내려진다. 즉 원당의 혁파 이후 경제적 요인이 승려의 환속 문제로까지 확대되고 있는 것이다. 그러나 이 조치는 바로 시행되지는 않은 것 같다. 왜냐하면 18일 후인 현종 2년 1월 5일에 다음과 같은 내용이 확인되기 때문이다.

영의정 정태화 : 지난 번 승려들을 모두 환속시키라는 하교는 그 의도가 매우 훌륭합니다. 그러나 갑자기 거행하기에는 곤란한 점이 있습니다.

현종 : 나도 다시 생각해보니 필시 소요가 일어날 것이라는 생각이 들었다. 그러므로 서울 밖은 유보하고 우선 도성 안의 두 비구니 사찰인 자수원慈壽院과 인수원仁壽院을 먼저 혁파하는 것이 어떻겠는가?

영의정 정태화 : 이는 역대 제왕들이 하지 못하던 훌륭한 조치입니다. 성상께서 만약 과단성 있게 시행하신다면 어찌 아름다운 일이 아

니겠습니까. …… 운운 ……

현종이 이에 도성 내의 두 비구니 사원의 혁파를 명하였다. 이와 함께 40세 이하의 비구니는 모두 환속시켜 시집가게 하고, 나이 든 비구니들은 도성 밖의 사찰로 옮기도록 했다. 또 예관禮官에게 명하여 자수원에 모셔진 선왕의 위패를 1657년 봉은사의 예에 따라 정결한 곳에 묻게 하였다.

현종 1년 봄의 원당 혁파가 겨울에는 승려 환속으로 확대되고, 이의 시범적인 시행으로 2년 1월에는 서울 안의 두 비구니 사찰인 자수원과 인수원의 폐지가 결정된 것이다. 이 중 자수원이 해체될 때 발생한 목재를 현종 2년 2월 12일에는 송준길이 봉은사에 주지 못하도록 막는 기록이 확인된다. 즉 1월 15일의 하교에 의해, 2월 12일 사이에 자수원과 인수원은 완전히 해체된 자수원의 것이다. 또 이때 해체된 자수원의 기와와 목재는 사찰 재산이라는 점 때문에 봉은사로 이관되는 논의가 있었던 듯한데, 이를 송준길이 저지하고 나선 것이다. 실제로 이 자재로는 3년 후인 1664년 성균관 서쪽에 학습 및 시험 장소인 비천당丕闡堂과, 기숙사인 일량재一兩齋 및 벽입재闢入齋가 건립된다. 즉 사찰이 해체되어 성균관의 일부가 된 것이니, 우리는 여기에 감정적인 일 처리가 있었다는 점을 알 수 있다. 또 인수원의 자재로는 병든 궁인을 치료하는 병원 겸 요양원인 질병가疾病家

를 지었다고 한다.

　자수원과 인수원 중 규모가 큰 것은 한때 5,000명의 비구니가 상
주했던 자수원이다. 자수원은 1450년 3월 22일 문종이 이성계의 일
곱 번째 아들인 무안군撫安君의 집을 고쳐 세종의 후궁들을 머물게
하려고 만든 자수궁에서 시작된다. 왕의 후궁 중 아들이 있으면, 왕
이 붕어한 후 아들에 의탁해 살면 된다. 그러나 아들이 없을 경우는
신왕이 즉위할 때 마땅히 돌아갈 곳이 없다. 이에 문종이 자수궁을
만들어 세종의 후궁들을 수용한 것이다.
　왕조 국가에서 왕의 후궁이었던 여성을 통제하기 힘든 사가로 내
보내는 것은 매우 위험한 일이다. 자칫 왕실의 이야기가 누설될 수
도 있고, 심한 경우에는 왕의 여인이었던 여성이 재가할 수도 있기
때문이다. 이로 인해 통제 가능한 곳에서 살게 하는 것이 일반적이
다. 동아시아에서는 이때 후궁들로 하여금 선왕의 명복을 비는 삶
을 살게 하는데, 이 과정에서 후궁들이 불교에 경도되곤 했다. 또 자
수원에는 후궁을 따르던 상궁이나 궁녀들도 함께 살았으며, 이곳은
은퇴한 상궁이나 궁녀들도 만년을 의탁하는 곳이기도 했다. 이로 인
해 왕실과 연결되는 강력한 구조가 형성된다. 즉 왕실과 관련된 보이
지 않는 권력이 존재하는 곳이 바로 자수궁인 셈이다.
　《명종실록》권17의 1554년 10월 30일의 내용에는, 자수궁에 종루

鐘樓(범종루)와 나한전羅漢殿이 지어졌다는 내용이 확인된다. 즉 문정왕후 집권기에 자수원이 암묵적인 상태에서 본격적인 사찰로 변모하고 있는 것이다. 이로 인해 엿새 후인 11월 6일에는 대신들의 우려와, 이 같은 일련의 사건들이 문정왕후와 관련된다는 사관의 사론史論이 수록되어 있다.

들리는 말에 자수궁 안에 건축하는 것이 있는데, 종루라고도 하고 나한전이라고도 합니다. 자수궁은 선왕의 후궁들이 사는 곳인데, 여승들이 더럽히는 곳이 되었으니 과연 이것이 전하의 뜻으로 하는 것입니까? … 운운 … 선교양종의 부활과 정업원淨業院의 창건은 불교와 승려들이 크게 퍼질 조짐이었는데, 처음에 바로잡지 못해 오늘에 이르렀습니다.

사론 : 지금 자수궁에 누각 짓는 것을 사람들은 모두 부처님을 봉안하기 위한 것이라고 한다. 만일 그렇다면 선왕의 후궁 거처를 이단의 소굴로 만드는 것이니, 고려에 있던 내불당內佛堂과 무엇이 다른가? 혹자는 불교를 받드는 일은 모두 자전慈殿(문정왕후)이 하는 것이라고 한다.

이상의 《명종실록》 권17의 기록은, 자수궁이 점차 사찰로 변모하는 양상을 잘 나타내준다. 이후 자수궁은 자수원이라는 사원으로 불리면서, 도성 안 비구니 사찰의 최고 상징성을 확보하게 된다.

인수궁 역시 자수궁과 비슷한 역할을 하는 곳이었다. 인수궁은 태종이 세자 때 살던 곳으로 후에 궁으로 바뀌어 태종 사후에는 태종의 후궁들이 머무는 곳이 되었다. 《세종실록》 권16의 1422년 기록에는 태종의 후궁들 중 상당수가 비구니가 된 내용이 수록되어 있다.

의빈 권씨와 신녕궁주 신씨가 임금(세종)에게 말하지 않고 삭발하여 비구니가 되었다. 후궁들이 서로 경쟁하여 삭발하고 염불하는 기구를 준비하여 아침저녁으로 불도佛道를 행하였는데, 임금이 금하여도 되지 않았다.

인용문을 보면, 인수궁은 처음부터 궁이라기보다는 사찰의 역할이 더 컸던 것을 알 수 있다. 《중종실록》 제23권의 1516년 기록에서는 인수궁과 관련해 질병가에 대한 내용을 살필 수 있다. 이를 통해 인수궁은 왕실 여성들의 질병과 관련된 병원이나 요양원과 같은 역할을 하는 특수 목적으로 변화된 것으로 추정해 볼수 있다. 이는 현종 2년 인수원이 철폐된 이후 그 자재로 질병가를 짓게 했다는 것과도 연관된다.

인수궁은 명종 5년인 1550년에 문정왕후에 의해 인수궁 안에 정업원淨業院이 설치되면서 규모가 확대된다. 정업원은 고려 때부터 있던 최고의 비구니 사찰로 왕실과 후궁 및 귀족 여성들이 출가해서 수행하는 도량이다. 그런데 이 정업원이 연산군 때인 1505년 폐사된 것을 문정왕후가 인수궁을 중심으로 재건한 것이다. 즉 인수궁의 부속 사찰로서 정업원이 존재하게 된 것인데, 이는 인수궁 역시 사찰의 기능이 강화되었다는 것을 의미한다. 실제로 《선조실록》 제8권 등에는 인수궁이 정업원으로도 불리웠다는 사실이 적시되어 있다. 이런 과정에서 점차 인수궁은 인수원으로 칭해진 것으로 판단된다.

현종 2년 초에 단행된 도성 안에 위치한 자수원과 인수원의 혁파는, 불교와 왕실 여성들의 연결고리를 차단하는 치명적인 조치였다. 현종 1년의 원당 혁파가 불교와 권력층의 관계를 끊는 것이었다는 점에서, 이는 조직적으로 다가오는 불교에 대한 보다 위협적인 전개라고 할 수 있다. 특히 조선 불교에서 여성의 후원과 비호가 차지하는 비중이 크다는 점에서, 왕실과 연결되는 창구의 차단은 심각한 위기의식을 초래하기에 충분하다. 특히 다음으로 단행되려는 조치가 서울 밖의 최대 사찰인 봉은사와 봉선사를 겨냥하고 있었다는 점에서 더욱 그렇다. 실제로 백곡의 〈간폐석교소〉에는 봉은사와 봉선사를 폐하고 노비를 몰수했다는 내용이 있다. 이는 실록에는 나오지 않지만, 자수원과 인수원의 철폐 직후 봉은사와 봉선사 역시 사찰로서의 기능을 중지시키고 노비를 몰수하는 철폐의 수순을 밟고 있었다는 것을 알게 한다. 바로 이 시점에서 백곡이 죽음을 무릅쓰고 분연히 떨치고 일어난 것이다.

현종 1년인 1660년은 마지막 승병장이자 백곡의 법사인 벽암이 86세로 입적한 해이다. 승병장 하면 가장 먼저 떠오르는 사명당은 한참 전인 1610년에 입적한 상태였다. 임진왜란 직후에 장렬하게 전사한 영규나 호남의 뇌묵 처영雷默處英(?~?) 역시 일찍이 입적했다. 즉 벽암은 승병장으로 나라를 구한 마지막 승려였는데, 효종의 붕어를 끝으로 벽암 역시 입적한 것이다.

벽암의 입적은 시대적 책임이 백곡에게 돌아왔다는 것을 의미한다. 조선의 건국 이후 가장 큰 불교 억압과 말살의 기운이 있던 상황에서, 효종 2년 백곡은 45세의 나이로 죽음을 각오하고 불교 억압의 부당성을 지적하는 동시에 불교를 없애서는 안 된다는 8,150자에 달하는 장문의 〈간폐석교소〉를 현종에게 올리게 된다. 〈간폐석교소〉는 '불교의 폐지에 대한 간언 상소'라는 의미로 8,150자면 과거에는 단행본 1권 정도에 달하는 매우 많은 내용이다. 실제로 《금강경》이 5,149자이며 노자 《도덕경道德經》이 5,000자 정도라는 점을 생각하면, 이 상소문이 얼마나 길었는지를 요량해볼 수 있다.

〈간폐석교소〉는 "낮은 사람의 말이라도 그것이 맞는다면 들을 필

노자

요가 있다"는 문장으로 시작한다. 그리고 당시 유행하던 불교 비판 문제 6가지를 예로 들어 이러한 주장의 부당성을 낱낱이 지적한다. 이는 각각 ① 이방역異邦域(불교는 중국이 아닌 다른 지역에서 만들어졌으므로 당위성이 없다) ② 수시대殊時代(불교는 중국의 삼대三代 시대의 소산이 아니므로 당위성이 없다) ③ 무윤회誣輪回(윤회설은 허구이다) ④ 모재백耗財帛(승려는 농사짓지 않고 재물을 소모한다) ⑤ 상정교傷政教(불교는 유교 문화와는 다르므로 당위성이 없다) ⑥ 실편오失偏伍(군역과 국법에서 벗어난 부분이 있으므로 당위성이 없다)이다.

그런 다음 불교를 믿은 군주와 신하들의 정치와 문화적 업적 및 불교를 배척한 군주와 신하들의 문제점을 대비해서 제시한다. 이는 군주와 신하가 불교를 믿는 것이 국가와 군주를 위해서 어떻게 좋은 지에 대해 예를 들어 설득하는 부분이다.

또 불교가 전래하기 이전에 동아시아는 혼란한 상태였으나, 불교의 전래 이후에는 왕조가 오래가고 문화가 창달했음도 적고 있다. 그리고 조선의 군주들도 불교를 없애지 않았으며, 상황에 따라서 불교를 옹호하였음을 기록하고 있다. 이는 불교를 믿으면 왕조가 길이 번창함을 강조하고, 선왕들의 예에 따라서 불교를 대할 것을 주장하는 대목이다. 즉 불교를 없애려는 위험한 생각을 버리고, 공존의 가치를 찾아서 국가가 발전할 수 있는 방향을 모색하도록 유도하는 것이다.

그리고 끝으로 당시의 현실적 문제였던 자수원과 인수원의 내원당 철폐와, 봉은사와 봉선사의 외원당 철폐 시도의 문제점을 지적하고 있다. 논지는 선대왕들이 유지하던 자수원과 인수원을 폐지하여 비구니를 추방한 것, 또 이 과정에서 선왕의 위패를 땅에 묻어 제사를 끊은 것 등은 군주로서 큰 문제 있는 행동이라고 지적한다.

실제로 백곡은 더 나아가 선왕의 신주를 묻은 해부터 가뭄과 기근이 그치지 않았으며, 이 재해가 무려 4년이나 계속되어 민생이 도탄에 빠졌다고 역설한다. 왕조 국가에서 군주를 정조준하고 있는 것이다. 특히 동아시아에서는 전한 무제 때 동중서董仲舒(B. C. 170?~B. C. 120?)가 《춘추번로春秋繁露》에서 '천인상응설天人相應說'을 제기한 이후 천재지변은 군주의 덕이 부족한 것으로 받아들여졌다. 즉 가뭄과 기근은 현종의 불교에 대한 실정에 따른 하늘의 재앙이자 응징인 셈이다. 실제로 백곡은 선왕들의 영혼이 노하여 이와 같은 지경에 이르고 있다고 강도 높게 현종을 압박하고 있다. 조선이라는 왕조 국가에서 백곡의 상소문 수위는 개인의 사형을 넘어선 집단 전체의 징벌에까지 이르는 수준이다. 즉 백곡은 장렬한 순교의 자세로, 오직 불교를 지켜야 한다는 불굴의 정신을 가지고 낮은 위치에서 가장 강력한 군주에게 충돌하고 있는 것이다. 이야말로 오늘날에도 보기 어려운 노블레스 오블리주의 책임 있고 강단 있는 행동이라고 하겠다.

백곡은 상소문의 마지막에 "불안하고 두려운 마음을 감당할 길이 없으며, 삼가 죽음을 무릅쓰고 아뢴다"고 적고 있다. 이는 사실인 동시에 무척 처연하고 숙연한 기상이 서린 말이 아닐 수 없다.

불교 폐지에 대한 이의 제기가 관철되지 않으면 산화하고 말겠다는 백곡의 정신은, 부처님께서 수자타의 우유 죽 공양을 드시고 "깨닫지 못하면 다시는 일어나지 않겠다"며 깊은 선정에 드신 내용을 상기시킨다. 부처님께서 이후 새벽에 계명성을 보고 정각을 성취하셨듯, 백곡의 상소문 이후 현종의 불교 탄압은 거짓말처럼 누그러들게 된다. 이로 인해 바람 앞의 등불 같았던 봉은사와 봉선사도 비로소 구해질 수 있었던 것이다.

또 백곡이 군주를 정조준했음에도 불구하고 벌을 받지 않은 것은, 조선 역사상 가장 불가사의한 일 중의 하나이다. 왜냐하면 왕조 국가에서 군주에 대한 비판은 그 혐의만으로도 극형에 처해지는 것이 일반적이기 때문이다. 즉 이것이야말로 부처님이 조선 불교를 위해서 백곡을 내고, 백곡에게 〈간폐석교소〉를 쓰도록 했으며, 백곡을 보호한 위대한 가피의 위엄이 아닌가 한다.

12

국가의 부름과
수행자로서의 삶

백곡은 현종에게 〈간폐석교소〉를 올리는 해에 대둔산 안심사에서 서산 대사의 문손인 목양색牧羊賾과 추계유문秋溪有文(1614~1689)이 《심법요초心法要抄》를 간행할 수 있도록 도와준다. 《심법요초》를 보면, 책의 서두에 백곡의 〈서문〉이 있으며, 마지막의 권말에는 추계의 〈지識〉가 있는 것이 확인된다. 백곡은 부휴계로 청허계와는 문도가 달랐지만, 《심법요초》가 선을 간명하게 설하고 정리했다는 점에서 이를 적극적으로 후원한 것이다. 즉 수행과 깨침에 있어서 문도의 차이는 무가치한 군더더기일 뿐이다.

서산 대사는 《운수단》이나 〈무상계無常戒〉와 같은 불교 의식에서부터 《선가귀감禪家龜鑑》과 《설선의設禪儀》 등의 선불교에 대한 저술,

《심법요초》

그리고 선교를 아우르는《선교결禪教訣》과《선교석禪教釋》및 유교와
도가에 대한《유가귀감》과《도가귀감》등 다양한 저술을 남기고 있
다. 이 중 선의 핵심을《경덕전등록景德傳燈錄》등에서 추리고 자신의
관점에서 재정리한《심법요초》는 중요도에도 불구하고 당시까지 간
행되지 못하고 있었다. 이를 백곡이 힘을 쏟아 간행되도록 한 것이
다.《논어》〈위령공衛靈公〉에는 "유교무류有敎無類" 즉 가르침에는 차별
이 있을 수 없다고 했으니, 백곡의 넓은 국량이 이에 부합한다고 하
겠다.

　백곡은 50세가 되는 1666년이 되면, 국가로부터 남한산성의 승려

들을 총괄하는 남한산성 승통僧統에 제수된다. 남한산성과 북한산
성은 벽암이 승군을 이끌고 축조한 것으로 관리 역시 벽암이 남한
산성 도총섭이 되어 유지해왔다. 그러다가 1647년에는 벽암의 제자
인 회은 응준悔隱應俊이 계승했다. 즉 남한산성의 관리는 벽암계에서
지속하고 있었던 것이다. 이런 흐름 속에서 백곡에게 남한산성 승통
이 제수된 것이다. 그러나 백곡은 이를 정중히 사양한다. 뜻이 남 앞
에 나서는 것에 있지 않고 고요한 선승의 본래 모습으로 돌아가는
데 있었기 때문이다. 30세에 "글공부가 완성되었다"고 호기를 보이
던 모습은 이제 온데간데없이 사라지고 원숙한 수행자의 모습으로
대체된 것이다.

백곡은 이듬해인 51세에는 벽암의 미간행 저작인《석문상의초釋
門喪儀抄》를 전남 낙안의 징광사澄光寺에서 간행한다. 이는 법사인 벽
암의 뜻을 받드는 현양 사업이자 계승 노력이었다. 이후 54세에는 조
정으로부터 다시금 남한산성 도총섭을 제수 받게 된다. 이는 백곡의
신망이 더욱 두터워졌다는 것을 의미한다. 그러나 백곡은 이런 명예
에는 뜻이 없었다. 그러나 재차 내려진 직위였기 때문에 사양할 수
만도 없어, 이번에는 형식적으로 3개월간을 부임하고 사임하게 된다.

백곡이 54세 되는 해인 1670년은 이듬해인 1671년과 함께 역사
상 최대의 자연재해와 기근이 든 해로 기록된 경신대기근庚辛大飢饉
의 시기이다. 경신대기근이란, 1670년 경술년과 1671년 신해년에 발

여주 신륵사의 〈보제존자석종비〉. 신륵사에 모셔진 보제존자 나옹 왕사의 탑비이다.

송광사 〈보조국사비〉

생한 기근이라는 의미이다. 이때는 현종 11년과 12년에 해당하는데, 당시 조선 인구인 1200~1400만 명 중 90~150만 명이 아사했다. 전체 인구의 10%가량이 굶어 죽은 참극의 상황이었다.[*] 당시 세간에는 "왜란과 호란 때에도 이것보다는 나았다"는 말이 돌 정도였다. 이런 때에 백곡은 남한산성도총섭이라는 안정적인 자리를 물리치고 민중에게 방향을 돌렸던 것이다. 이는 스승인 벽암이 국가와 민족을 위해 평생 헌신의 삶을 살았던 것과 궤적을 같이하는 삶의 방식이었다. "사자는 사자 새끼를 낳고 호랑이는 호랑이 새끼를 낳는다"는 말이 실감 나는 상황이라고 하겠다.

또 54세면 당시의 평균수명 등을 고려했을 때 인생 만년에 해당한다. 이런 상황에서는 공부와 수행이 급하다는 것을 백곡은 잘 알고 있었다. 또 어쩌면 백곡은 국가를 위해 산화한 승군들의 넋조차 위로 받지 못하는 상황에서, 국가보다는 헐벗은 민중이 더 우선이라는 판단을 했을 수도 있다. 《맹자》〈진심상盡心上〉의 "민위귀民爲貴, 사직차지社稷次之, 군위경君爲輕" 즉 "백성이 가장 귀하고, 종묘사직은

---

[*] 1670~1671년에 걸친 경신대기근 이후 24년이 경과한 1695년(숙종 21년)부터 1700년(숙종 26년)까지 총 6년에 걸쳐 진행된 을병대기근乙丙大飢饉도 유명하다. 이때는 약 140만 명 이상이 아사한 것으로 추정되는데, 이는 경신대기근을 능가하는 수치다. 불과 1세대도 안 되어 기근의 기록이 경신된 것이다. 경신대기근과 을병대기근은 모두 지구의 소빙기Little Ice Age와 관련된 사건으로 전 지구적인 기상재해에 따른 결과였다.

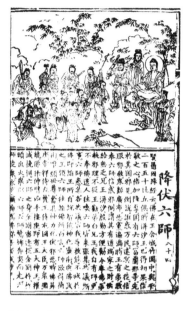

《석씨원류》

그다음이며 군주는 대수롭지 않다"는 맹자의 민본주의 사상을 환기했을 가능성도 있다.

 백곡의 만년은 수행과 불교적인 현양 그리고 중생의 연민으로 귀결되는 모습을 보인다. 55세가 되는 1671년에는 여주 신륵사의 〈나옹화상비명懶翁和尚碑銘〉의 중수에 관여하고, 57세에는 부처님의 전기인 《석씨원류釋氏原流》의 〈발문〉을 작성한다. 그리고 62세가 되는 1678년에는 순천 송광사의 보조국사 지눌의 비석 중건에 참여한다. 지눌과 나옹은 고려를 대표하는 선승이다. 이분들을 현양함으로써 백곡은 조선 불교의 정신을 고취하고 불교적 위상을 재고하여 조선 후기 불교의 방향을 제시하고자 하였으리라. 그리고 《석씨원류》는 중국 명나라의 승려 보성寶成이 편찬한 것으로, 부처님의 생애를 판화와 함께 제작한 모두 4권으로 된 책이다. 판화를 통한 그림의 존재는 당시 승려와 민중들을 계몽하는 데 유용했다는 점에서 주목된다. 즉 이러한 백곡의 자취를 통해서, 우리는 고려 이래 선불교의 자긍심을 바로 세우고 승려와 민중들을 쉽게 지도해서 가르치고자 하는 모습을 읽어볼 수가 있는 것이다.

13
백곡의 마지막을 불태운
금산사 대법회

백곡은 64세가 되는 1680년에 입적한다. 그런데 흥미로운 것은 이 해에 백곡이 김제 금산사에서 밤낮 5일간에 걸친 대법회를 주관했다는 점이다. 금산사는 미륵을 신앙하는 유가법상종을 대표하는 사찰이다. 유가법상종은 인도 대승불교의 두 가지 주류인 중관학파와 유가행파 중 유가행파가 동아시아로 전해진 불교이다. 고려 때까지만 해도 화엄종과 더불어 교종을 대표하는 거대한 종파가 바로 유가 법상종이다. 참고로 선종의 주류는 조계종과 천태종이었다.

통일신라 하대에 금산사는 중국 오대산에서 문수보살을 친견한 순제順濟(혹 숭제) 법사의 제자인 진표 율사에 의해 크게 재정비된다. 진표는 강력한 미륵 신앙자인 동시에 금강산을 불교 도량으로 개척

모악산 금산사

금산사 미륵전

한 인물이기도 하다. 진표의 제자인 영심이 법주사의 실질적 창건주
라는 점을 고려하면, 법주사와 금산사 모두와 인연이 있는 백곡 역
시 미륵 신앙과 무관하지는 않을 것이다. 현재에도 금산사는 법주사
와 더불어 미륵 장육존상으로 유명한 국보 제62호인 미륵전이 장엄
한 것으로 유명하다.

　백곡은 금산사에서 5일간 밤낮으로 개설된 대법회를 주관한다.
대법회의 내용은 화엄에 미륵 신앙적인 요소가 가미된 것으로 추정

금산사 미륵전의 미륵삼존상(대묘상보살 - 미륵불 - 법화림보살)

된다. 64세의 노승은 금산사에서 마지막 열정을 불태우면서 민중들에게 자비의 법운法雲을 펼쳐내고 있는 것이다. 당시는 집권 초기에 불교를 강하게 억압했던 현종의 치세가 끝나고, 장희빈으로 유명한 숙종이 재위하던 시절이었다. 또 현종 또한 백곡의 〈간폐석교소〉 이후로는 특별한 불교 탄압 정책을 시행하지 않았다.

중국 불교의 첫 사찰인 낙양의 백마사白馬寺에는, 중국에 최초로 불교를 전래한 가섭마등迦葉摩騰과 축법란竺法蘭 스님이 모셔온 사리

탑이 2,000년의 역사를 간직한 채 오늘날까지 전해지고 있다. 그런데 이 탑의 이름이 제운탑齊雲塔이다. 불교의 전래가 모든 어두움을 걷어내고 세상을 올바르고 가지런하게 했다는 의미이다. 조선 후기의 백곡 역시 이와 같은 일을 했다고 이를 만하다. 그리고 이제는 스스로 금산사에서 5일 주야의 대법회를 주관하고 있는 것이다. 이는 교육과 신앙 실천이라는 양자를 겸비한, 불교 포교에 활력을 불어넣는 참으로 위대한 시도라 할 만하다.

백곡은 대법회를 여법하게 회향하고 나서 6월 20일이 되자 가벼운 병증을 보인다. 험난했던 난세를 살았던 백곡의 삶도 이제는 회향을 향해 달려가고 있는 것이다. 이후 10여 일이 경과한 7월 1일 백곡은 금산사에서 고요한 선정 속에서 입적한다.

이후 법구를 수습해 화장을 하니 사리가 다수 수습되었다. 이는 백곡이 가장 오래 주석한 안심사와 입적처인 금산사, 그리고 백곡 문도와 관련된 신정사神定寺(현 신원사)의 세 곳에 부도와 함께 단정히 모셔진다. 위대한 영혼의 스승을 기리기에는 부족하지만, 시대를 꿰뚫으며 불교를 위해 목숨을 가볍게 여긴 선사는 소박함 속에 깃들어 오늘에까지 우리와 함께하고 있는 것이다.

백곡은 문장에 자신이 있던 30대 후반에 자신의 문집 간행을 추진한 적이 있었던 것 같다. 이는 《백곡집》의 두 번째 〈서문〉인 정두경

낙양 백마사의 제운탑

鄭斗卿의 것이 1654년의 찬술로 되어 있는 것을 통해 추론해볼 수 있다. 그러나 이는 장년의 객기라고 판단했음인지, 이 시도는 26년이 지나도록 이루어지지 않았다. 즉 백곡이 어느 시점에 중지시킨 것이다.

백곡이 입적하고 나자, 이제 문집 간행은 문도의 일이 되고 만다. 문도들의 입장에서 스승의 명문이 산일되는 것은 여간 죄스러운 일이 아니다. 이렇게 이번에는 문도들에 의한 문집 간행이 추진되고, 마침내 3년 뒤인 1683년에 백곡의 문집인 《대각등계집》(일명 《백곡집》) 전2권이 간행된다. 1권에는 5언과 7언으로 된 시 176편이 수록되어 있다. 그리고 2권에는 백곡의 문체가 빛나는 주옥같은 문장 23편이 수록되어 있는데, 이 중 〈성명설性命說〉과 〈인의설仁義說〉은 백곡의 유교적 인식을 알 수 있다는 점에서 특히 주목되는 찬술이다.

《백곡집》에는 1657년에 찬술한 《임성당대사행장》과 1661년의 〈간폐석교소〉는 수록되어 있지 않다.● 그러므로 백곡에 대한 문헌은 이들 총 3가지가 된다. 이 외에 백곡을 추념하는 비문으로 신정申晸(1628~1687)이 지은 〈백곡처능사비명병서白谷處能師碑銘幷序〉와 최석정崔錫鼎(1647~1715)이 찬술한 〈백곡선사탑명白谷禪師塔銘〉이 전하고 있어, 백곡의 거룩한 자취를 후대에도 알 수 있게 해주고 있다.

● 추후에 〈간폐석교소〉는 《대각등계집》에 합본되기도 한다.

제2부

불교 폐지의 부당함을
알리는 상소문
: 〈간폐석교소〉 쉽게 읽기

1
이치에 맞는 말이라면
가벼이 여기지 마라

　신료 백곡은 다음과 같이 들었습니다. 공자는 《논어》 〈위령공〉에서 "함께 말할 수 있는 사람인데 말하지 않으면 사람을 잃게 되고, 함께 말할 수 없는 사람인데도 말하면 말을 잃어버린다"고 했습니다. 그러므로 이치에 맞는 말은 결코 가벼이 지나쳐서는 안 되는 것입니다.

　때문에 요임금은 자신보다 낮은 윤수尹壽에게 자문을 구했고, 순임금은 무성務成을 찾아가 섬겼습니다. 요임금과 순임금은 위대한 성인의 자질을 가진 분이고 고귀한 지위에 있었습니다. 그러므로 시골에 사는 사람을 취할 필요도 없고, 나무꾼처럼 천한 이의 말도 받아들일 필요가 없었습니다. 그럼에도 윤수와 무성에게 정성을 드러낸 것은 반드시 나에게 이익되는 것이 있기 때문입니다.

그 이익이 무엇이겠습니까? 스스로를 낮추고 사람을 쓰면 반드시 현인을 만나게 되고, 낮게 귀 기울여 간언을 받아들이면 반드시 좋은 말을 들을 수 있기 때문입니다. 말이 반드시 공자와 맹자의 말일 필요는 없습니다. 그러므로 공자는 노자에게도 배웠던 것입니다.

또 사람도 반드시 요·순 시대의 사람일 필요는 없습니다. 그러므로 서쪽 변방의 제후였던 주周나라 문왕文王은 강태공 여망呂望(여상)을 스승으로 삼았던 것입니다. 불교가 인도에서 발생한 것이라는 점에서, 중국 것이 아니므로 그 말마저 폐기한다면 그 말을 잃게 되는 것입니다. 또 불교의 성립 시기가 중국의 태평성대 때가 아니라고 내친다면, 이것은 사람을 버리는 것이 됩니다. 그러므로 어찌 살피지 않으며, 분명히 밝히지 않을 수 있겠습니까?

2

크게 이루려는 이는
작은 것조차
버리지 않는다

　세상이 태평하면 은자들도 세상을 따르기를 원합니다. 그러므로 한나라에서는 진나라의 폭정을 피해서 숨어 산 상산사호商山四皓, 즉 동원공·하황공·동리선생·기리계를 존경했습니다. 또 풍속이 순박하면 욕심 없이 탈속한 사람들이 배출되게 마련입니다. 이 때문에 위진남북조의 동진에서는 죽림칠현竹林七賢 즉 완적·혜강·산도·향수·유영·완함·왕융을 높이 받들었던 것입니다.

　죽림칠현이 어찌 은殷나라의 이윤伊尹과 부열傅說이나, 주나라의 주공周公과 소공召公 같은 재상의 재주를 지녔겠습니까? 또 상산사호가 어떻게 한나라의 한신·팽월·위청·곽거병과 같은 장군의 지략이 있었겠습니까? 그럼에도 이들을 모두 제후에 봉하고 신하로 삼은

죽림칠현

것은, 인자한 군주가 백성을 교화하는 데 도움을 주었고, 성군聖君
이 정치를 잘하도록 도와주었기 때문입니다.

그러므로 백성을 편안히 하는 것은 반드시 십란十亂(十治) 즉 주
공·소공·태공망·필공·영공·태전·굉요·산의생·남궁괄·문모에 의
지하며, 세상을 구제하는 지혜는 세 명의 어리석은 이가 모여 지혜
를 이루듯 작은 것도 버리지 않고 합심해야 하는 것입니다. 거대한
범종은 작은 쇳조각으로 만들 수 없는 것이며, 천 칸 되는 저택을 어

찌 짧은 시간에 완성할 수 있겠습니까? 그러므로 작음도 버리지 않는 포용의 덕성이 필요한 것입니다.

3

현종은 최고의 성군이며,
이는 백곡의 영광이다

엎드려 생각건대, 성스럽고 신령하며 문무를 겸비하신 주상(현종) 전하께서는 천명天命을 받아 왕위를 계승하였습니다. 세자로 있던 시절에는 효성스러워 닭이 울면 문안을 여쭈었고, 왕위에 오른 이후에는 전란의 발생을 조심하였습니다. 부역과 세금을 줄여주니 백성들의 얼굴은 화락했고, 과부와 고아를 가엾게 여기니 백성은 은혜를 찬탄했습니다. 왕위에 오른 2~3년 동안 교화가 백성들에게 두루 미쳤고, 그 은덕은 수천 리 밖에까지 벋어 나갔습니다.

중국 고대의 전설적인 삼왕三王 즉 복희·신농·헌원이 어질지 않다면 모르거니와, 이들이 어질다면 전하께서 바로 삼왕 같은 분이십니다. 또 오제五帝 즉 소호·전욱·제곡·요·순이 성인답지 못하면 모

삼황(천황씨-지황씨-인황씨). 삼황은 '복희·신농·헌원'으로 보는 설과 '천황·지황·인황'으로 보는 설의 두 가지가 있다. 백곡은 복희·신농·헌원을 삼왕으로 적고 있는데, 삼왕과 삼황을 유사 개념으로 이해한 것으로 판단된다.

르거니와, 이들이 성인 같다면 전하께서 바로 살아계신 오제이십니다. 오늘날에 요·순임금 때의 은자인 소부와 허유 같은 사람이 있다 하더라도, 어찌 반드시 요·순 같은 분을 만난다고 장담할 수 있겠습니까? 그런데 저는 전하와 같은 분을 만났으니, 참으로 큰 홍복이라고 하겠습니다.

4

군주는 간언을 통해
올바름을 이룬다

옛적 명군과 성왕^{聖王}의 행정은 분명합니다. 그러나 정치가 어질어도 직접 많은 일을 처리하다 보니, 혹여 하나라도 실수하지 않을까 걱정하였습니다. 그래서 《서경》에는 군주를 가르치는 글인 〈주고酒誥〉·〈대고大誥〉·〈강고康誥〉 등의 '고誥'가 있으며, 《시경》에도 왕을 훈계하는 시가 있는 것입니다.

신분이 낮은 사람을 불쌍히 여기고 자신을 낮추어 간언을 듣는 것은 임금으로서의 인자함입니다. 또 군주의 존엄을 범하면서도 당돌하게 간언하는 것은 신하의 충성인 법입니다. 그러므로 《서경》〈열명說命〉에는 "나무가 먹줄을 따르면 반듯하게 되고, 군주는 간언을 따르면 성군이 된다"고 하였던 것입니다. 이야말로 군주가 거울로 삼아야 하는 도리라고 하겠습니다.

《춘추》의 〈소공昭公〉 20년 8월 조에는 "군주가 하는 말이 옳더라도 혹여 그 속에 부당함이 섞여 있다면, 신하는 적극적으로 의견을 올려 임금의 올바름을 이루어준다. 또 임금이 하는 말이 부당하지만 그 속에 옳음이 섞여 있다면, 신하는 임금의 옳은 점을 북돋아 부당함을 없앤다"고 하였습니다. 이는 신하가 본받아야 하는 당연한 자세라고 하겠습니다.

5

백곡이 진언한 이유와
당시의 여섯 가지 불교 비판

신은 미천한 사람으로 일찍이 사문이 되어 부처님에 의지해 수행하는 사람입니다. 이로 인해 강과 구름 속을 떠돌아다니는 깡마른 모습을 하고 있습니다. 출가하여 군신과 부자의 유교 윤리에 대해서는 평소 신경을 쓰지 않았으니, 득실과 치란의 일에 어찌 많은 말을 할 수 있겠습니까? 그러므로 지금 '신臣'이라고 칭하는 것도 그저 부끄럽기 그지없을 따름입니다.

그러나 중국 북위 시대의 법과法果 스님은 안성후安城侯로 봉해졌고, 당나라의 불공不空 스님은 숙국공肅國公으로 모셔졌습니다. 이분들은 모두 신하의 대열에서 임금의 은혜를 받은 분들이십니다.《시경》의 〈소아〉 〈북산北山〉에는, "나라 안에 왕의 신하 아닌 사람이 없다" 하였고, 《서경》의 〈중훼지고仲虺之誥〉에는 "우리 임금 오시기를 기다린다"라고 하였으니, 참으로 합당하다 하겠습니다. 그러므로 제가 비록 불민하지만, 어리석은 견해나마 임금님께 말씀드리지 않을 수 없는 것입니다.

들건대 비구와 비구니를 모두 없애는 방침이 정해져, 비구니는 환속시키고 비구는 없애자는 논의가 있었다고 합니다. 신은 도대체 전하의 생각이 무엇인지를 헤아리지 못하겠습니다.

임금께서 생각하시기를, ① 불교가 인도에서 시작되어 중국으로 전래한 것이니, 중국과는 지역이 다르다고 하여 그러시는 것입니까? 또는 ② 불교는 중국의 고대인 하·은·주 삼대 시대의 이후에 나왔으니, 상고시대의 법이 아니라고 해서 그러시는 것입니까? 또는 ③ 인과응보를 거짓으로 말하며, 윤회설로 백성들을 기망한다고 그러시는 것입니까? 또는 ④ 승려는 농사나 누에도 치지 않고, 재물을 소모하기만 한다고 그러시는 것입니까? 또는 ⑤ 출가하여 세속법의 테두리 밖에 있어, 국가와 유교의 질서를 손상시킨다고 그러시는 것입니까? 또는 ⑥ 승려라고 요역徭役을 피하고 군역에서 빠진다고 그러시는 것입니까?

이상의 여섯 가지와 관련해서, 신은 불교가 탄생하게 된 시종을 먼저 말하고 여섯 가지에 대해서 각각으로 설명해보고자 합니다. 임금님께 상세히 설명해드리오니, 부디 읽어주시기를 간청 드립니다.

<u>6</u>

부처님에 대한
중국 고대 기록으로
당위성을 강조함

   신이 멀리 역사를 살펴보니, 중국 주나라와 관련된 역사서인《주
서이기周書異記》에는 다음과 같이 내용이 수록되어 있습니다.

   부처님은 주나라 소왕昭王 24년인 갑인년(B. C. 1027)에 세상에 탄생
하셨다. 그날 밤에 오색 기운이 비치는데 청홍색이 강했다.
   왕이 태사太史인 소유蘇由에게 물었다.
   "이것은 무슨 상서로운 징조인가?"
   소유가 "서방에 위대한 성인이 태어났기 때문입니다."라고 답했다.
   또 부처님께서는 주나라 목왕穆王 53년 임신년(B. C. 949)에 열반에
드셨다. 당시 흰 무지개 열한 줄기가 남북을 관통하는 서상이 목도되

열자

었다.

　목왕이 태사 호다扈多에게 물었다.

　"이것이 무슨 징조인가?"

　호다가 "서방의 위대한 성인이 돌아가셨습니다"라고 하였다.

　또 《열자》 〈중니仲尼〉와 《광홍명집廣弘明集》에는 다음과 같은 내용이 있습니다.

　　오나라 태재太宰(재상)인 백비白嚭가 공자와 다음과 같이 문답했다.

　　"선생님은 성자이십니까?"

　　"나는 학식이 넓고 기억력이 풍부한 사람이지 성인은 아닙니다."

　　"그렇다면 누가 성자인가요?"

　　공자가 백비의 물음을 듣고 조용히 생각에 잠겼다가 답했다.

　　"서방에 위대한 성인이 있으니 말을 하지 않아도 저절로 믿음이 있으며, 교화를 베풀지 않아도 저절로 교화가 행해집니다."

　　또《장자》의 〈제물론齊物論〉에는 "만 년 후에라도 한 번 대성인을 만나 그 견해를 인정받는다면, 이것은 아침저녁으로 만나는 것과 같다"라고 하였습니다. 이들 내용은 모두 부처님을 가리키며 한 말입니다.

7
불교는 진시황 때 시작되어
당·송 시대에 꽃이 피다

　진시황제(재위 B. C. 246~210) 시대에 사문 실리방室利防 등이 서역에서 왔을 때, 진시황은 이들의 특이한 행색과 풍속을 미워하여 감옥에 가두었습니다. 그러자 갑자기 신장이 나타나 옥문을 부수고 구출해 가자, 진시황은 두려워해 후하게 예물을 주어 돌려보냈습니다.

　또 반고의《한서漢書》에 의하면, 한나라 무제(재위 B. C. 141~87) 때 장군 곽거병霍去病은 북방 흉노족의 작은 왕인 곤야왕昆耶王을 잡고 그들이 신앙하던 금인金人 즉 금빛의 사람 형상을 빼앗았습니다. 금인은 키가 1장(3미터) 남짓이 되었는데, 무제는 이를 위신력이 큰 신이라 여기고 감천궁甘泉宮 안에 안치하였습니다.

실크로드의 대표적인 유적지인 돈황의 서천불동

백곡 처능,
조선 불교 철폐에 맞서다

가섭마등   축법란

또 무제는 박망후博望侯 장건張騫을 서쪽의 인도에 보내 불법을 구
해 오도록 하였습니다.[*] 그리고 한나라 원제元帝(재위 B. C. 43~33) 때
광록대부 유향劉向(B. C. 79?~8?)은 인도 고대어로 된 불경 20여 권을
구해, 자신의 저서인 《열선전列仙傳》에 수록했습니다. 또 한나라 애

---

[*] 한무제가 장건을 파견한 것은 대월지(쿠샨)와 연합해 북방의 흉노족을 공격하기
위함이었지 인도로 가서 불교를 전래하도록 한 것은 아니다. 그러나 이 과정에서 장
건이 불교를 인지했을 개연성은 충분히 존재한다.

제哀帝(재위 B. C. 7~1) 때에는 경헌景憲이 월지국月支國(쿠샨)의 사신으로 가자, 월지국 왕이 불경을 바쳤습니다.

다음으로 후한의 명제明帝(재위 57~75) 때는, 명제가 금빛 사람이 대전 앞뜰로 내려오는 꿈을 꾸고 중랑장 채음蔡愔 등을 서역에 파견하여 불법을 알아보게 하였습니다. 이때 채음이 마침 중국으로 전도를 위해서 오고 있던 가섭마등과 축법란을 만나 당시 수도였던 낙양으로 돌아왔습니다. 이 무렵부터 불교가 유행되기 시작하여, 후한과 위魏나라 시대에 점차 퍼졌고, 당·송대에 와서 왕성하게 되었습니다. 이 시기 중국의 황제와 대신들은 모두 불교에 의지해서 나라를 다스렸고 집안을 번성케 하였습니다. 이것이 바로 불교가 흥성한 전말의 대략적인 내용입니다.

8

당시 유행하던
여섯 가지 불교 비판에 대한
백곡의 변증

1) 발생한 지역이 다르다고 해서
불교를 배척하는 것은 옳지 않다

전하께서는 혹시 불교가 발생한 지역이 중국이 아니라고 해서, 불교를 없애려고 하시는 것입니까?

만일 본국을 벗어나는 것이 타당하지 않다면, 성인인 공자는 고국인 노魯나라에만 머물고 진陳나라와 채蔡나라까지는 가면 안 되는 것입니다. 또 현인인 맹자의 언변 역시 고국인 추鄒나라에서만 제한적이고, 제齊나라와 양梁나라까지는 통하면 안 됩니다. 이러한 논리는, 최고의 보물로 진秦나라의 15개 성도 바꿀 수 있는 조벽趙璧(화씨

벽)을 쓸모없게 하는 것과 같습니다. 또 밝은 빛을 뿜어내는 최상의 보배 수주隋珠(수후주)가 수레 넓이도 비추지 못하게 해 위魏나라의 웃음거리로 만드는 것과 무엇이 다르겠습니까!

동쪽 변방(東夷 : 우리 민족을 지칭함)에서 태어난 순임금과, 서쪽 오랑캐 땅(西羌)에서 난 우임금을 지역이 다르다고 해서 성인이 아니라고 할 수가 있겠습니까? 또 하나라와 은나라의 수도에서 태어난 폭군인 걸桀왕과 주紂왕은 중국에서 태어났으니 성인이라고 할 수 있습니까?

춘추시대의 현인 중 북방 유목민 땅(北戎 : 北狄)에서 태어난 유여由余와 남쪽 오랑캐(南蠻) 지방에서 탄생한 계찰季札을 어떻게 출신 지역만으로 부정할 수 있겠습니까? 또 춘추시대의 유명한 떼도둑인 도척盜跖과 장교莊蹻는 중국에서 태어났다고 하여 현인이라고는 할 수 없는 것이 아니겠습니까?

이런 까닭에 공자는 《논어》 〈자한子罕〉에서, "동쪽 변방인 구이九夷, 즉 우리나라에 가서 살고 싶다"고 하였으며, 중국 사람들은 삼한三韓에서 태어나기를 원하였던 것입니다. 서로 왕래가 가능한 대등한 인간 세계라면, 중국이든 변경이든 어디에서 태어나더라도 성인은 다르지가 않은 것입니다.

그러므로 송나라의 유학자인 유원성劉元城은 "공자와 부처님의 말씀은 서로 끝과 처음이 된다"라고 하였던 것입니다. 또 금나라의 유

곡부의 공자 무덤(孔林)

학자인 이병산李屛山 역시 "부처님과 노자·공자 이렇게 세 분의 성인
은 모두 주나라 시대(서주 : B. C. 1046~770 / 동주 : B. C. 770~221)에
태어나셨다. 이는 해와 달과 별이 동쪽 끝인 부상扶桑에 모여 있다가
순차적으로 떠오르고, 중국의 중요한 하천인 강수·하수·회수·한
수가 깊은 대해大海에 함께 모여 있는 것과 같다"고 하였습니다.

　실제로 사서四書의 하나인 《중용》에서도 "도는 함께 운행해도 서
로 거스르지 않는다"고 하였고, 또 《주역》〈계사하繫辭下〉에는 "길은
달라도 귀일점은 같다"고 하지 않았습니까? 성인이 다르지 않음은

화살에 화살촉이 걸려 있는 것처럼 분명하고, 진리가 다르지 않음은 나누어진 신표를(符節)을 합치는 것과 같다고 하겠습니다. 이것이 발생 지역이 다르기는 하지만 불교를 폐지할 수 없는 이유인 것입니다.

2) 발생한 시대가 다르다고 해서
불교를 배척하는 것은 옳지 않다

전하께서는 혹시 불교가 발생한 시대가 중국의 상고 시대가 아니라고 해서, 불교를 없애려고 하시는 것입니까?

문자로 기록된 서적을 사용하면 그만이지, 굳이 새끼를 꼬아서 만든 결승문자結繩文字를 사용하는 상고 시대로 되돌아갈 필요는 없습니다. 편안히 집에서 살면 그만이지, 상고 시대의 사람들처럼 위태로운 나무 둥지에 살기 위해 거처를 바꿀 필요는 없는 것입니다.

이렇게 하는 것은 겨울 음식이 맞지 않는다고 봄부터 곡식을 먹어 비축하겠다는 것과 같고, 밤잠을 줄이기 위해 낮부터 마루에 앉아 씨름하는 것과 같습니다. 은나라의 현인인 기자箕子·비간比干·미자微子가 비록 나라가 망국으로 치달을 때 나왔다고 불충不忠이라 하고, 상고 시대의 악인인 구려九黎는 충성스럽다 하겠습니까? 공자의 제자인 십철十哲, 즉 안연·민자건·염백우·중궁·재아·자공·염유·

자로·자유·자하가 혼란기인 춘추 시대에 태어났다고 해서 본받을 수 없고, 상고 시대의 포악한 사흉四凶에게는 본받음이 있다고 하겠습니까?

진리란 시대를 초월하는 것입니다. 그러므로 상고 시대 문명의 개발자 복희씨伏羲氏가 팔괘八卦를 그린 것을, 은나라 말의 문왕文王이 계승하여《주역》의 의미를 현창한 것입니다. 또 하나라 우임금이 홍범구주洪範九疇의 뜻을 서술한 것을, 은나라 말의 기자箕子가 부연해 낙서洛書를 완성하였습니다. 이렇듯 하늘과 땅이 제 위치에 있고, 해와 달이 세상을 비추는 것은 고금의 이치가 같을 뿐입니다. 이는 이전 시대나 이후 시대의 규범이 언제나 동일하기 때문입니다. 그러므로 춘추 시대의 조맹趙孟은《춘추》〈소공〉원년 조에서, "한 번은 그때이고, 한 번은 이때이다. 어찌 영원한 것이 있는가?"라고 한 것입니다. 또《모자이혹론牟子理惑論》의 저자인 한나라 말의 모융牟融 역시 "저때도 한때, 이때도 한때"라고 하였습니다. 이런 역사적 사실을 추적해 보면, 순임금과 우임금이 다시 살아나더라도 "부처님과 우리들은 차이가 없다"고 말할 것입니다. 또 탕 임금과 무왕이 다시 나오더라도, 반드시 "부처님에 대해서는 우리가 무슨 말을 하겠는가!"라고 할 것입니다.

공자는《논어》〈자한子罕〉에서 "후생가외後生可畏" 즉 뒷사람(후배)이 가히 두렵다"고 하였으며,《춘추》의〈소공〉원년 조에는 "시원여이

맹자의 비석과 무덤(孟林)

視遠如通" 즉 "멀리 떨어져 있는 것을 보는 것이 가까이 있는 것을 보는 듯하다"고 하였습니다. 이는 '시기는 다르지만 일은 동일하며, 시대는 다르나 이치는 하나'이기 때문입니다. 이것이 바로 발생한 시대가 다르다고 해도 불교를 폐지할 수 없는 이유인 것입니다.

3) 윤회설이 민중을 호도한다고 판단해서
   불교를 배척하는 것은 옳지 않다

전하께서는 혹시 불교의 윤회설이 백성을 속인다고 생각하기 때문에, 불교를 폐지하려고 하시는 것입니까?

만약 윤회론이 허구라면, 당나라 천자의 옥으로 된 퉁소는 도승道僧에게 전해지지 않았을 것이며, 진晉나라 도독都督의 금반지를 이웃 노파가 찾는 일은 불가능했을 것입니다. 윤회설을 믿지 않는 것은 지는 노을이 강에 잠기는데 내일 다시 해가 뜨지 않고, 시든 꽃이 언덕에 떨어지는데 내년에는 다시 피지 않는다고 생각하는 것과 같습니다.

당나라 학자 배휴裴休는 동진 시대의 허현도許玄度가 다시 환생한 것임을 아는 것은, 대청 위에 걸려 있는 활을 뱀이라고 믿는 것과는 다릅니다. 또 당나라 윤위고尹韋皐는 제갈량諸葛亮이 다시 태어난 것으로, 이는 길거리의 바위를 호랑이로 오인하는 것과는 차이가 있습니다. 송나라 진종眞宗(재위 998~1022)이 미소를 지은 것은 천존天尊의 탄생을 알았기 때문이며, 송나라 인종仁宗(재위 1022~1063)이 울음을 그친 것은 위대한 신선이 세상에 내려왔다는 것을 증험하는 일입니다.

죽음과 삶은 연결되어 있고, 화와 복은 인간이 초래하는 것입니다. 또 장수와 요절은 날 때부터 정해진 것이며, 상서로움과 재앙의 조짐은 반드시 드러나게 마련입니다. 그러므로 한나라의 가의賈誼는 그의 〈복조부鵩鳥賦〉에서 "천변만화에는 끝이 있을 수 없다"라고 하였고, 수나라의 이사겸李士謙은 《고금사문류취古今事文類聚》 후집 권5에서, "등애登艾는 소, 서백徐伯은 물고기, 군자는 고라니, 소인은 원숭이가 된다"고 하였던 것입니다.

이상을 통해서 우리는 윤회론의 타당성을 인지해보는 것이 가능합니다.

또 《예기》의 〈월령月令〉에는 "쥐가 변하여 메추라기가 된다"고 되어 있고, 《장자》 〈소요유逍遙遊〉에는 "곤鯤이라는 거대한 물고기가 변하여 붕鵬이라는 큰 새가 된다"고 하였습니다. 이 같은 측면들은 '일은 다르지만 이치는 하나요, 말은 다르지만 뜻은 동일하다'고 할 수 있습니다. 이것이 바로 불교의 윤회설이 백성을 속인다 하여 불교를 폐지할 수 없는 이유인 것입니다.

4) 직접적인 노동을 통한 생산이 없다고
   불교를 폐지하는 것은 옳지 않다

전하께서는 혹시 승려들이 노동 없이 재물만 소모한다고 판단해서, 불교를 폐지하려고 하시는 것입니까?

만일 노동이 최고의 가치라면, 순임금은 역산歷山에서 쟁기를 잡고 농사를 지었어야지, 군주가 되어 임금이 될 필요는 없었습니다. 또 은나라의 재상인 이윤伊尹도 신야莘野에서 낫을 휘두르며 농사를 지었어야지, 은나라 탕湯임금을 보필할 필요는 없는 것입니다.

이는 노魯나라 음식은 기杞나라 사람들의 입맛에는 맞지 않고, 월越나라의 구운 고기는 진秦나라 사람들의 입맛에는 적합하지 않는 것과 같습니다. 공자가 농부보다 농사일을 못한다고 해서 천하의 사리에 통달하지 못한 것은 아닙니다. 또 공자가 농사일을 물어본 번수樊須를 천하의 사리에 통달했다고 할 수는 없는 것입니다. 맹자가 사람들의 봉양을 받았다고 해서 검소하지 않은 것은 아니며, 짚신을 직접 삼은 허행許行을 검소하다고만 평가할 수는 없는 것입니다. 그러므로 도시인들은 굳이 농사를 지으며 생활할 필요가 없고, 규방 깊숙이 사는 여성들은 직접 길쌈하여 옷을 지을 필요가 없는 것입니다.

세상을 다스리는 군주는 덕을 근본으로 삼고 재물을 지엽으로 삼습니다. 그러므로 주나라의 소공召公은 《서경》〈여오旅獒〉에서, "보물로 삼는 것은 오직 어진 사람이니, 가까이 있는 사람이 편안하다"라고 한 것입니다. 또 춘추시대 진晉나라의 호언狐偃은 《대학장구大學章句》에서, "보배로 삼을 것은 별로 없고, 오직 어진 사람과 친하게 지냄을 보배로 삼을 뿐이다"라고 하였습니다.

이상을 통해서 우리는 육체노동을 통한 생산보다, 더 높은 정신적 가치에 대해서 인지해 보게 됩니다.

사서의 하나인 《대학》에는 "토지를 가지고 있으면 재물이 있다"라고 하였고, 또 《서경》의 〈무성武城〉에서는 "천하에 크게 곡식을 푼다"라고 하였습니다. 즉 토지가 있으면 재물이 모이게 되고, 넉넉하게 베풀면 백성들은 모여드는 것입니다. 그러므로 단순히 쌓아 두기만을 바라서는 안 되고, 올바른 베풂을 통해 덕을 두터이 할 것을 추구해야만 하는 것입니다. 그러므로 재물을 소모하는 단편적인 측면만으로 불교를 폐지할 수는 없는 것입니다.

5) 국가 정책에 위배되는 승려가 있다고
불교를 폐지하는 것은 옳지 않다

전하께서는 혹시 유교의 국가 정책에 손상을 준다고 판단해서, 불교를 폐지하려고 하시는 것입니까?

위에서 가르치지 않은 것이 아닌데 요임금에게는 단주丹朱라는 어리석은 아들이 있었고, 아래에서 간언하지 않은 것이 아닌데 순임금에게는 고수瞽瞍라는 못난 아버지가 있었습니다. 이는 악취 나는 풀이 향기 좋은 난초에 섞여 있고, 원앙이 봉황새를 어지럽히는 것과 같은 격입니다.

하나라의 예羿와 착浞을 불충하다고 죽일 수는 있지만, 신하가 되고자 하는 것을 막을 수는 없는 것입니다. 또 계신簒臣이 불분명하면 추방시킬 수는 있지만, 그렇다고 군주 모시는 의리를 끊을 수는 없는 것 아니겠습니까? 이런 까닭에 승려가 조정의 법을 어기면, 얼굴에 먹물을 들여 표시墨刑를 해도 좋고, 때에 따라서는 죽이는 것도 가능합니다. 또 비구니가 세상에 정한 법을 범했다면, 코를 베는 형벌을 가하거나 때로는 죽일 수도 있습니다. 그런데 어찌 부처님을 탓하고 미워하며, 불교 전체를 폐지할 수 있단 말입니까?

일부 승려들의 성품이 선하지 못한 경우도 있지만, 이것은 불교의 가르침이 악으로 물들인 것이 아닙니다. 그러므로 《춘추》에서 춘추시대 정鄭나라의 자산子産은 "남의 선행은 내가 본받아 실천하고, 남의 악행은 내가 고친다"라고 한 것입니다. 또 당나라의 이사정李師政은 "유생들이 죄가 있어도 공자의 잘못과는 관계가 없으며, 승려가 잘못을 저질러도 어찌 이것이 석가세존의 허물이겠는가?"라고 하였

220

던 것입니다.

《주역》〈해괘解卦〉에는 "과오를 용서하고 죄를 용서한다"라고 하였으며, 《서경》〈다방多方〉에는 "덕행을 한 사람을 분명히 밝히고 벌을 주는 것을 신중히 한다"라고 하였습니다. 이 같은 내용 등은 모두 백성 중에 비록 벌을 받아야 할 사람이 있더라도 자애롭고 신중해야 할 것을 분명히 밝힌 것입니다. 이것이 유교의 국가 정책에 손상을 준다고 하더라도 불교를 폐지할 수 없는 이유인 것입니다.

6) 군대 조직에서 빠진다고
   불교를 폐지하는 것은 옳지 않다

전하께서는 혹시 승려가 군역에서 빠진다고 해서, 불교를 폐지하려고 하시는 것입니까?

지금 도성에도 거짓으로 속여 세금을 내지 않는 가구가 얼마나 많습니까? 또 지방의 권세가에게 의탁해 외거노비가 됨으로써 장정壯丁으로 등록되지 않은 사람은 얼마나 많습니까?

그런데 불교는 세력은 점점 약해지는데 국가에서 승려들에게 요구하는 부담과 역할은 매우 많아, 호적에 편입된 일반 백성들과 비교해도 큰 차이가 없습니다. 황해도와 평안도의 양서兩西 지역에는 군적軍籍에 등록된 승려가 많으며, 경상도·충청도·전라도의 삼남三南 지방에는 관의 부역과 공출 요구에 성실하게 응하는 승려들이 매우 많습니다.

중국에 종이를 공물로 보내는 것도 모두 승려들이 하는 작업이며, 상급 관청에 잡다한 물건을 바치는 것도 모두 승려들이 준비하는 것입니다. 이외에도 잡역이 수백 가지며, 독촉하고 요구하는 것이 수만 가지나 됩니다.

때문에 관아 문에서 지시가 나오자마자 또 다른 요구와 명령이 계속 이어집니다. 촉박하여 날짜를 어기게 되면 간혹 감옥에 잡혀가기도 하고, 순식간에 닥치는 상황에 어찌할 바를 모르면 매질을 당하기도 합니다.

또 승려들은 각 도의 외곽에 있는 보루堡壘와 남한산성 등을 수비하기 위해, 천 리 길에 양식을 지고 와서 해마다 교대로 성곽을 지킵니다. 이때 몸은 파수 서는 사람과 같고 행색은 전쟁터의 군인과 같습니다. 승려를 상징하는 감색 머리칼과 파란 눈동자는 바람에 머리 빗질을 하고 비로 목욕을 하게 됩니다. 또 하얀 버선과 누더기 옷은 진흙을 덮어쓰고 먼지로 더럽혀지곤 합니다.

급박한 상황이 발생하면 벌떼나 개미처럼 모여들며, 전쟁터에 나아가서는 번개처럼 우레처럼 달려나가 작전을 전개합니다. 천 명이나 백 명으로 부대를 만들고, 열 명이나 다섯 명으로 분대를 조직합니다. 이렇게 해서 활과 화살을 좌로 당기고 우로 쏘며, 긴 창으로 전방 부대는 돌진하고 후방 부대는 방어를 합니다. 칼을 씀에 있어서는 진晉나라와 초나라와 강함을 다투고, 진을 칠 때는 진秦나라와 월나라의 병법을 익힙니다.

이 같은 승려들의 모습은《시경》〈당풍唐風〉〈보우鴇羽〉의 "나랏일을 하느라 힘을 다 쏟는다"는 것이나,《시경》〈소아〉〈하초불황何草不黃〉의 "아침저녁으로 겨를이 없다"라고 한 것에 맞춤합니다. 임금께서 생각하시는 것과 달리, 승려로서 은혜를 저버린 자는 적고 정의로운 사람은 많습니다. 이것이 제도상으로 군대 조직에서 빠지기는 하지만, 불교를 폐지할 수 없는 이유입니다.

이상은 앞서 제시한 여섯 가지 불교 비판에 대한 반론의 대략적인 내용입니다. 신의 지혜는 하찮고 아는 것이 부족하여 이상의 여섯 조목을 말씀드리는 외에 다른 것은 없습니다.

9

불교를 존숭한 황제의
뛰어난 치적과
엇갈린 평가

　임금께서는 어찌 불교가 나라를 다스리는데, 해로움만 있고 이익됨이 없다고 생각하시는 것입니까? 이와 관련해서 이번에는 역사적으로 불교를 숭상한 임금과 보호한 신하들을 말씀드려보겠습니다.

　먼저 군주로 말한다면, 불교를 숭상한 임금은 천·만 명 이상이 되지만 여기에서는 간략히만 열거해 보겠습니다.

　천하에 예악을 널리 밝힌 이로는 후한의 명제만 한 분이 없으며, 유교와 문인 및 학자들을 크게 흥성한 분으로는 후한의 효장제孝章帝가 으뜸입니다. 또 문무를 겸비한 이로는 어느 누가 양梁나라 무제武帝만 하겠으며, 천하를 통일한 분으로는 수나라 문제文帝를 빼놓을 수 없습니다. 그리고 국가의 문물 제도를 정비한 이로는 누가 당나라 태종과 필적할 만하겠습니까?

1) 후한 명제의 정치 능력과 불교에 대한 존숭

후한의 명제가 세상을 다스림에는, 학문이 고아하고 위의가 진중했으며 공손과 검소함을 겸비하였습니다. 사치와 화려함이 없고 국정 운영에 뛰어났으며, 유교를 숭상해 덕이 있는 사람을 존경하니 나라의 정치가 밝게 되었습니다. 이때 길에서는 노인에게 인사하고, 경전을 들어 뜻을 묻곤 하였습니다. 대학자와 문장가들이 많음은 《시경》〈주남周南〉의 〈인지지麟之趾〉에서 언급하는 것만큼이나 성대하였습니다. 하·은·주의 삼대 시대 이래로 성대한 학풍이 이처럼 뛰어난 적은 일찍이 없었습니다.

그런데 명제는 석가모니의 불상을 현절릉顯節陵과 청량대淸凉臺에 모시도록 하였습니다. 또 당시의 문장가인 반고班固와 부의傅毅는 부처님의 공덕을 찬탄하였는데, 이는 후한의 가장 뛰어난 명문입니다. 그런데 《후한서後漢書》에서 종리의鍾離意는 명제의 성격이 "편협하고 자질구레하다"고 평가하고 있으니, 어찌 올바른 역사의 평가라고 하겠습니까?

2) 후한 장제의 상서로운 이적과 불교

후한의 장제가 세상을 다스림에는 부드럽고 현량한 인재를 등용해 충간하는 길을 열었습니다. 정치의 도리를 분명하게 밝혀 엄격한 형벌을 없애고 문장을 좋아했으며, 유교의 고전을 널리 숭상했습니다. 이로 인해 주작과 봉황이 출현했으며, 전신이 흰 새와 흰 사슴이 나타나는 상서로움이 있었습니다.

이때 서주자사 왕경王景이 〈부처님을 찬송하는 글金人頌〉을 올렸으며, 또 선제先帝인 명제께서 부처님을 섬긴 공로를 찬탄하였는데 이 글은 반고의 《한서》에 실려 있습니다. 그런데 사관들이 "참소하는 말만 듣고 태자를 폐위시켰으며 해로운 정치를 했다"고 적고 있으니, 이 어찌 진실된 관점이라 하겠습니까?

3) 양나라 무제의 정치 역량과 서상瑞相 그리고 불교 숭배

양나라 무제가 세상을 다스림에는 문무를 겸비하고 유교를 널리 진작했습니다. 예술은 물론이거니와 여러 능력이 출중해서, 전쟁을 그치고 문물이 성대해지도록 하였습니다. 또 어진 선정을 베풀어 은택이 먼 지역에까지 두루 미쳤습니다.

양 무제

　이때 궁궐에는 오색구름이 서리고, 여섯 마리 용이 궁궐 기둥을 지키는 이적이 발생했습니다. 또 정원에는 삼족오三足烏와 공작 두 마리가 계단으로 날아들었습니다. 인류가 시작된 이래 신이한 감응이 이처럼 기이한 적은 없었습니다. 때문에 무제는 밤낮으로 재계齋戒하고, 나이 들어서도 게으르지 않았던 것입니다.

　이로 인해 당나라 때 직언으로 유명한 사관 위징魏徵은 "양나라 무제는 하늘이 내려준 인물이며, 전생과 내생까지도 알았으니 참으로 천하의 어진 사람이다"라고 하였던 것입니다. 그런데 당나라 말기의 불교를 싫어했던 문장가 한유韓愈는 "꿀을 찾았으나 오지 않자

마침내 굶어 죽었다"라고 적고 있습니다. 이 어찌 정직한 기록이라고 하겠습니까?

4) 수나라 문제의 천하 통일 대업과 불교에 대한 후원

수나라 문제가 세상을 다스림에는, 위진남북조 시대의 혼란을 그치고 천하를 통일하여 아름다운 명성을 열었습니다. 주나라 이후로 내려오던 천관天官·지관地官·추관春官·하관夏官·추관秋官·동관冬官의 번잡한 육관六官 제도를 폐지하고, 예악을 전담하는 기구를 새롭게 만들어 전담토록 하였습니다. 또 한나라의 중서성中書省·상서성尚書省·문하성門下省의 구조인 삼성三省에 의거하여 제도를 일신하였습니다.

《불조역대통재佛祖歷代通載》제10권에 따르면, 이때 "하늘에서는 상서로운 조짐인 거북 껍질에 문자가 쓰인 것이 나타났고, 물에는 오색 기운이 서렸습니다. 또 땅에는 맛있는 물인 예천醴泉이 솟았고, 산山에서는 '만세를 누려라'라는 외침이 있었습니다"라고 기록되어 있습니다. 위·진 시대 이후로 영토를 개척한 공로는 이만큼 광대한 적이 없었습니다.

또 문제는 기주岐州 등의 30개 지역에 절과 탑을 세우는 등 많은 불사도 일으켰습니다. 이로 인해 《석실론石室論》에는 "수나라 문제는 황통皇統을 계승하여, 당대에 태평성대를 이루었으니 참으로 한 시대의 영군이다"라고 한 것입니다. 그런데도 당나라의 두목杜牧은 "지위와 명호를 훔쳐 제대로 수명을 누리지 못했다"라고 쓰고 있으니, 어찌 사실을 담보하는 좋은 글이라고 할 수 있겠습니까?

5) 당나라 태종 시대의 성세와 불교의 진흥

당나라 태종이 세상을 다스림에는, 혼란을 평정하고 약해진 중국과 풍속을 일신하였습니다. 친히 메뚜기를 잡아 농사의 재앙을 구제하고, 강력한 군사력으로 멀리 떨어진 이민족들을 복속시켰습니다. 이때 신령한 다섯 짐승인 기린·거북·용·봉황·백호와 일각수一角獸인 기린이 모여 와 상서로운 조짐을 나타내었습니다. 또 흰 여우와 붉은 기러기가 출현하는 이적도 있었습니다.

한나라 이래로 중국의 국력이 이만큼 떨쳤던 적은 없습니다. 이런 태종은 세상을 떠난 모후인 목태후穆太后를 위하여, 친히 눈물을 훔치며 홍복사弘福寺를 창건하였습니다.

이러한 업적들로 인해 《신당서新唐書》 제2권에는, "성대하다, 태종의 공적이여! 은나라의 탕湯임금과 주나라의 무왕武王과 견줄 만하며, 주나라의 안정기를 구가한 성왕成王과 강왕康王에 버금간다"고 하였습니다. 그럼에도 송나라의 문장가인 구양수歐陽修는 "병력을 동원하여 공적 얻기를 좋아하니 잘못이다"라고 폄하하였습니다. 이 어찌 진실된 말이겠습니까?

임금께서는 아셔야 합니다. 이상의 몇 분 황제들은 모두 세상에 드문 군주이자 불교를 진작한 분들이셨습니다.

<u>10</u>

불교를 숭상한
대표적인 명신과
고결한 선비들

신하로 말할 것 같으면, 불교를 숭상하고 수호한 신하는 역대로 수천수만 명이 넘습니다. 이 중 간략히 몇 시대의 인물들을 거론해 보겠습니다.

위진남북조의 진晉나라 시대에는 치초郗超·손작孫綽·허순許詢·도잠陶潛·왕도王導·주개周凱·유량庾亮·왕몽王蒙·왕공王恭·왕밀王謐·곽문郭文·사상謝尙·대규戴逵 등이 있습니다.

위진남북조의 양梁代나라 시대에는 임방任昉·하점何點·하윤何胤·심약沈約·유협劉勰·부흡傅翕·부왕傅昈·소종蕭宗·이식李寔·이윤지李胤之·완효서阮孝緒 등이 있습니다.

당나라 때는 유선柳宣·송경宋景·장열張說·왕유王維·왕진王縉·양

숙梁肅·이선李詵·유가劉軻·육우陸羽·이고李翶·최암崔黯·위주韋宙·두
홍점杜鴻漸·백거이白居易 등이 있습니다.

송나라 때에는 전숙錢俶·왕단王旦·양걸楊傑·양억楊億·위기魏杞·이
구李覯·소식蘇軾(소동파)·소철蘇轍·이병李邴·증개曾開·이준훈李遵勗·
장덕원張德遠 등이 있습니다.

이들 중 어떤 분은 정사를 보필하여 국정 운영에 혁혁한 공로가
있으며, 어떤 이는 심산유곡에 몸을 맡겨 자연에 은둔하며 살았습
니다. 또 어떤 분은 문장에 심취하여 세상에 이름을 떨치기도 하였
습니다.

그럼에도 이들은 모두 죽기를 각오하고 심오한 이치를 탐구하며,
자신의 육체를 잊고서 불법의 진리를 가르침 받았습니다. 한 가지에
능하기도 어려운데, 세간과 출세간의 일에 모두 능하였으니, 가히 견
줄 만한 상대가 없는 뛰어난 신하들이라고 이를 만합니다.

이상의 여러 군주와 신하들은 부처님을 힘써 모시며 국가를 번성
케 하셨던 분들입니다. 그러므로 불교가 유교의 이념인 치국평천하
治國平天下에 해를 끼쳤다는 것은 전혀 잘못된 판단이라고 하겠습니다.

<u>11</u>

불교를 배척한 임금들의
비극적인 최후

　신은 또 역사에서 불교를 배척한 임금과 불교를 비방한 신하들에 대해서도 말씀 드려보고자 합니다.

　임금을 먼저 말하자면, 불교를 배척한 군주는 단지 몇 명에 지나지 않습니다.

　위진남북조 시대의 북위北魏 태무제太武帝는 도사 구겸지寇謙之의 말을 듣고, 불교를 비방하고 탄압했습니다. 그는 결국 도교의 신선인 태평천군太平天君을 모시는 정륜천궁靜輪天宮을 건립하면서, 인력과 재물을 낭비하다가 마침내는 전염병에 걸려 죽었습니다.

　위진남북조 시대의 북주北周 무제武帝는 승려들을 잔인하게 죽이고, 자신은 도교의 복장인 황의黃衣를 입었습니다. 그러다가 진양晉

구겸지

陽에서 열이 올라 말소리도 내지 못한 채 죽었습니다.

당나라의 무종武宗은 사찰과 불상을 없애고 신선이 되는 금단약金
丹藥을 먹었으나, 효과가 없었습니다. 해서 마침내 서른세 살에 요절
하고 말았습니다.

오대십국 시대의 후주後周 세종世宗은 불상을 파괴하고 승려들을
억압했습니다. 그러다 군사를 일으켜 북쪽을 정벌하러 가다가 악성
종기가 터져 그만 죽고 말았습니다.

이상의 임금들은 모두 번창한 군주가 아닌 쇠퇴한 시대의 임금들
일 뿐입니다.

<u>12</u>

불교를 배척하고
비판한 신하들은
혼란기의 소수일 뿐이다

신하를 말하면, 역시 불교를 배척한 신하는 몇 명 되지 않습니다.

당나라의 부혁傅奕은 장도원張道源의 도움을 받아 태종에게 불교를 혁파해야 한다는 상소를 올렸습니다. 그러자 당시 재상인 소우蕭瑀는 그가 불교를 비방한다는 죄를 물어 물리쳤으며, 태종은 부혁의 말이 그릇되다 판단해서 종신토록 등용하지 않았습니다.

또 북위 시대의 재상 최호崔浩는 도사인 구겸지의 술책을 믿고 태무제에게 승려를 죽여야 한다고 건의하였습니다. 이때 사마온공司馬溫公은 그들의 무지함을 지적하였습니다. 그리고 당시 길 가던 사람들은 최호의 악행을 원망하였고, 심지어 오물을 뿌리기도 하였습니다.

또 북주 시대의 도사 장빈張賓은 위효관韋孝寬 등과 결탁하여, 무제에게 불교를 폄하하고 불상을 녹여 없애야 한다고 했습니다. 그러자 대부 견란甄鸞은 불교의 정직함을 논변하였고, 후대인 당나라의 상서 당림唐臨은 이를 근거로 《명보기冥報記》를 찬술해 그 부당함과 불교의 타당성을 변증하였습니다.

또 당나라의 도사 조귀진趙歸眞은 유현정劉玄靜과 결탁하여, 무종에게 참소해 사찰을 불 지르고 없애도록 했습니다. 이때 습유 왕철王哲 역시 무종에게 불교를 믿는 사람이 너무 많다는 간언했습니다. 당시 사관史官도 불교 혁파를 거론하였는데, 이는 모든 사람의 불교에 대한 좋고 나쁨의 관점이 같을 수만은 없기 때문입니다.

그러나 이러한 신하들은 모두 혼란한 시대의 신하들일 뿐이며, 국가 역시 위태로울 때였습니다.

이상의 여러 군왕과 신하들은 불교 배척에 매우 철저하였습니다. 그러나 이들이 국가적인 치국평천하에 도움을 주었다는 이야기는 아직 듣지 못했습니다.

13

책에 적힌 기록에는
필연적으로 오류가 존재한다

오늘날 전해지는 역사 속 군주들의 이야기는 실제로 당시에 기록되는 것은 극히 적습니다. 이런 내용들은 대개 시장에 호랑이가 나타났다는 말을 여러 사람이 반복하게 되면, 진짜 호랑이가 출몰한 것처럼 되는 '삼인성시호三人成市虎'와 같은 것입니다. 또 공자의 제자인 증자의 어머니 역시, 이웃이 증자가 살인을 저질렀다고 말하자 처음에는 믿지 않다가 여러 사람이 같이하자 결국 베 짜던 베틀의 베북을 던지고 달아났다는 '증삼살인曾參殺人'의 고사도 있지 않습니까? 즉 무엇이든 전적으로 믿을 수는 없는 것입니다.

14

불교를 배척한 유학자들도
전폐를 말하지는 않았다

유교를 공부하는 사람으로는 송나라의 학자인 정명도程明道·정이천程伊川 형제와 주자朱子보다 뛰어난 사람은 없습니다. 그런데 정명도는 불상을 물리치지 않았고, 주자 역시 대혜종고大慧宗杲의《어록》등 많은 불교 전적을 보았습니다. 그러므로 이들의 불교 배척은 진지한 것이 아닌 상황에서, 문자로 배척한 것에 불과합니다. 또 이들은 불교를 비판하면서 "고원한 듯하지만 내용이 없고 이치에 가까운 듯하면서 진리를 어지럽힌다"고 하였을 뿐, 불교를 폐지해야 한다는 데는 이르지 않았습니다.

당나라의 학자 한유는 헌종이 법문사法門寺의 불사리를 황궁으로 이운해 오자, 〈논불골표論佛骨表〉를 올려 불교를 배척하고 사리를 버

주희   한유

리라고까지 하였습니다. 이때 헌종은 분노하여 한유를 죽이려고 했
으며, 서촉西蜀의 용선생龍先生은 한유의 말이 불교를 모르는 무지라
고 여겨 〈비한非韓〉을 지어 한유를 공격했습니다. 이후 이 문제로 좌
천된 한유가 태전太顚 스님과 교류하자, 한유의 제자였던 상서 맹간
孟簡은 한유에게 편지를 보내 미망迷妄을 고친 것을 다행으로 여겼습
니다. 또 송나라의 문장가인 황산곡黃山谷은, "한유가 태전 스님을
만난 이후로 불교를 배척하는 주장이 줄었다"라고 평했습니다.

　　송나라의 구양수는 한유를 사모하여 그가 불교를 배척하는 것을

구양수   사마광

좋아하였습니다. 그러던 구양수가 언젠가 한 번은 중악인 숭산崇山
에 유람을 간 적이 있습니다. 이때 우연찮게 스님을 만나 대화를 나
누는 도중에 자신도 모르게 저절로 무릎을 꿇었습니다. 이 내용은
송나라의 문장가인 사희심謝希深이 지은 글에 기록되어 전해집니다.

　송나라 학자인 구법당舊法黨의 사마광司馬光은, 처음에는 순자와
맹자의 뜻을 계승하여 불교를 없애려고까지 하였습니다. 그러나 원
통선사圓通禪師를 만나 문득 전생의 서원을 깨닫게 되어, 이후에는
유학자임에도 공공연히 "불교의 정미함이란, 우리 유교의 경서와 크

240

게 다르지 않다"고 하였습니다.

송나라의 장상영張尚英은 처음에는 공자의 도를 숭상하여, 불교는 허망하다는 《무불론無佛論》을 지으려고 했습니다. 그러다가 임제종의 고승인 도솔종열兜率從悅 선사를 만나게 되면서 마음이 확 트여, 정반대로 불교를 옹호하는 《호법론護法論》을 짓게 되었습니다. 장상영은 이후 벼슬이 우의정에 올랐는데, 그때 오랜 가뭄 끝에 비가 내리는 상서가 있었습니다. 그러자 문장가인 당경唐庚이 시를 지어 그 미덕을 높이 칭송한 것이 전해집니다.

이들은 모두 걸출한 사람들입니다. 그렇지만 단지 일부의 문자로 불교를 멀리했을 뿐, 불교를 폐지하자는 극단적인 논의 따위는 없었습니다. 이는 불교의 이치를 알아가는 과정에서 마침내 마음이 합치하는 지점이 있었기 때문입니다.

이상과 같은 다양한 측면을 검토해보면, 불교를 숭상하고 모신 군주와 신하는 능히 수천수만 이상이 됩니다. 그런데 오늘날 불교가 세상에 도움이 되지 않는다고 한다면, 과거에 불교를 믿은 황제와 신하들은 모두 잘못이라는 말입니까? 역사를 보아도 불교를 배척한 임금과 신하는 불과 두세 명에 불과할 뿐입니다. 이러한 상황에서 불교가 유해하다고 가정하면, 소수인 이들만이 옳은 것이 되는데 이것이 과연 타당할 수 있겠습니까?

불교를 받든 것이 잘못이라면, 후한의 명제는 북위의 태무제보다 못하며 송경은 장빈보다 뒤떨어질 것입니다. 또 불교를 폐지하고 배척함이 옳다면, 북주의 무제가 당의 태종보다 뛰어나며 최호가 부의 같은 인물보다 현명하다는 의미가 될 것입니다.

그러나 상고 시대가 아닌 역사 시대에서 태평성대를 말하면 반드시 한나라와 당나라를 말하고, 송경과 부의가 사특한 마음을 가졌다는 말은 듣지를 못했습니다. 또 혼란한 시대를 말하면 반드시 북위와 북주를 말하고, 장빈과 최호가 나라를 경륜할 만한 능력이 있다는 말을 듣지 못했습니다.

15

유교 역사서의 맹점과
불교 기록의
의도적인 누락

그럼 이제 전하께서는 여러 역사서를 종합하여 불교는 허망하다는 무불설無佛說을 떠올려보시기 바랍니다. 그러면 신 역시 여러 역사 자료를 근거로 문제점을 지적해보도록 하겠습니다.

공자는 노자에게 예禮를 물었고, 사양師襄에게는 거문고를 배웠습니다. 또 장홍萇弘에게는 음악을 물었고, 담자郯子에게는 고대의 관직 체제에 관해 배웠습니다. 공자가 이렇게 한 것은 이들에게 취할 점이 있으며, 이 같은 광대한 지식을 바탕으로 《춘추》를 저술하고자 했기 때문입니다. 그런데 이들 4명 중 담자에게 배운 사실은 《춘추》〈소공〉 17년 조의 기록에, '관직 명칭의 학설에 대한 것'으로 적혀 있습니다. 그러나 나머지 세 사람은 《춘추》에 기록되어 있지 않은데,

백곡 처능,
조선 불교 철폐에 맞서다

공자상

이는 이들의 학술을 기예技藝로 판단하여 정치서政治書에서는 배척했기 때문입니다. 그러나 사양과 장홍 등이 어찌 담자보다 현명하지 못하겠습니까? 다만 관직 명칭은 치국과 관련되는 데 반해, 기예는 나라를 다스리는 것이 아니므로 이렇게 된 것입니다.

이와 같은 연유로 구양수와 송기宋祁가 《신당서新唐書》를 편찬할 때, 구양수는 같은 승려라도 의정義淨의 인도 구법 행적은 삭제했지만 밀교의 일행一行이 만든 대연력大衍曆 부분은 남겨 두었습니다. 또 송기는 현장玄奘의 전기는 삭제하고, 도홍道弘이 남긴 지리설地理說은

실크로드의 현장법사상

드러냈습니다. 의정과 현장이 어찌 일행과 도홍보다 능력이 부족해서 그랬겠습니까? 대연력은 사계절을 통괄하는 달력이요, 지리설은 인간의 일에 관계된 것이므로 역사서의 관점에서 기록을 취했기 때문에 이렇게 된 것입니다.

그런데 때로는 이례적인 부분도 발견됩니다. 송나라의 사마광은 《자치통감資治通鑑》을 찬술할 때, 당 태종에 대한 〈태종기太宗紀〉에서 당나라의 부혁傳奕이 도교의 주술을 시험한 부분은 많은 지면을 할애하여 기술하고, 고승 현완玄琬이 도리를 논한 것은 싣지 않았습니다. 어찌 주술을 시험한 것이 뛰어나고 도를 논한 것이 하열하다 하겠습니까?

사마광이 부혁이 주술을 시험한 것을 기록한 것은, 이를 빗대어 불교를 폄하하기 위한 것입니다. 또 도리를 논한 것은, 이치를 탐구하는 자들이 눈을 부릅뜨고 수집하는 것임에도 불구하고 수록하지 않은 것은 불교의 참됨을 감추려는 의도입니다.

구양수와 송기 그리고 사마광이 편찬한 《신당서》와 《자치통감》은 모두 공자의 《춘추》를 본받아서 저술되었습니다. 그러나 《춘추》는 사사로이 편드는 것이 없는데, 《신당서》와 《자치통감》은 한쪽으로 치우쳐 미워함이 있습니다. 불교의 참됨은 물리치고 허점은 불교가 아닌 것까지도 인용하여 폄하하려 합니다. 내용이 이러할진대, 어찌 춘추시대의 정직한 역사가인 동호董狐의 정론 직필과 같다고 할 수 있겠습니까? 이런 연유로 불교와 관련된 학설은 역사서에 잘 실리지 않는 것입니다. 즉 유학자의 역사 서술과 이러한 과정에서 유교의 치우친 판단들이 작용하여, 후대 역사서의 집필에 있어 문제점을 만들어내고 있는 것입니다.

16
불교가 전래하기 이전의
혼란한 국가들과 군왕

　전하께서는 불교가 없던 상고시대에는 나라가 태평하고 편안하였
는데, 불교가 전래한 이후부터는 나라의 존속 기간도 짧고 국운이
다 되었다고 생각하고 계신 것 같습니다. 신은 이와 관련해 역사 속
의 혼란한 시대를 열거하여 비판해 보도록 하겠습니다.

　혼란하여 멸망한 국가는 이루다 기록할 수 없을 정도로 많습니다.
그러므로 여기에서는 몇 나라만 대략 열거해 보도록 하겠습니다. 사
람을 해치고 많이 죽이기로는, 어느 누가 하나라의 걸왕桀王만 하겠
습니까? 의로운 사람을 해치고 선한 사람을 손상시키는 것으로는,
누가 또 은나라 주왕紂王만 하겠습니까? 권력을 탐하고 공적을 좋아
하기로는, 어느 누가 진시황만 하겠습니까?

1) 하나라 걸왕의 폭정과 은나라 탕왕의 정벌

하나라의 마지막인 걸왕이 군주일 때, 그는 탐욕스럽고 포학했으나 힘은 구리로 된 봉을 구부릴 정도로 대단했습니다. 화려한 궁궐과 누대를 지어 총애하는 말희妹喜를 기쁘게 하였으며, 고기로 산을 만들고 육포로 숲을 꾸미는 향락 속에서 백성의 재산을 고갈시켰습니다. 술로 연못을 만드니 천 명이 마셨으며, 술지게미로 둑을 쌓으니 십 리 밖에서도 볼 수가 있었습니다.

은덕을 베풀지 않고 포악한 짓을 일삼으니 백성들은 괴로움을 참지 못하였고, 음탕하고 방종한 짓을 하여 백성들을 고난에 빠뜨렸습니다. 이런 연유로 하늘이 하나라가 지은 죄를 벌하고자 괴변을 일으켰고, 사람들은 "저 태양(걸왕)은 언제 없어지려나?"라는 원망을 품었다고《서경》〈탕서湯誓〉에 기록되어 있습니다.

은나라의 개국 군주인 탕왕은 백성들에게 걸을 정벌하겠다는 맹세를 하면서 정벌 길에 나섰고, 중훼仲虺는 탕왕의 덕을 찬미하는 〈중훼지고仲虺之誥〉를 지었습니다. 마침내 하나라는 금성탕지金城湯池처럼 견고한 지형지세인 좌측의 하수河水와 제수濟水를 상실했고, 반석처럼 견고한 우측의 태산과 화산華山이 무너졌습니다. 또 남쪽의 험준한 지역인 이궐伊闕을 빼앗겼고, 북쪽을 방어하던 천연의 요새인 양장산羊腸山이 붕괴되었습니다.

마침내 탕 임금은 걸을 잡아 남소南巢로 추방했습니다. 이후 쫓겨난 걸이 죽자 하나라는 완전히 멸망하게 되었습니다. 이를《서경》〈탕서〉에는 "(탕 임금이) 천명으로 걸을 죽였다"라고 적고 있습니다.

2) 은나라 주왕의 폭정과 주나라 무왕의 정벌

은나라의 마지막인 주紂왕이 군주일 때, 그는 언변이 뛰어나 거짓을 잘 꾸몄으며 지혜도 넉넉해 간언을 막기에 충분했습니다. 옥 술잔과 상아 젓가락을 사용하는 등 사치가 극에 달하였으며, 시뻘겋게 달궈진 구리 기둥 위로 사람을 걷게 하는 잔혹한 형벌(포락지형炮烙之刑)을 행하였습니다.

세금을 많이 거두어 주왕의 보물 창고인 녹대鹿臺는 가득 찼으며, 악랄하게 수탈하여 곡식 창고인 거교鉅橋가 가득했습니다. 간언하는 충성스러운 신하는 숯불 위에 가설된 빨갛게 달군 구리 기둥 위를 걷게 하여 죽였으며, 추운 겨울 강물을 건너온 신하를 보고는 추위를 어떻게 견디는지 알아보기 위해 정강이를 꺾었습니다. 직언으로 보필하는 신하의 살을 가르고, 어진 신하인 비간比干의 심장을 꺼내 성인聖人에게 있다는 일곱 구멍이 있는지를 확인했습니다.

이 같은 연유로 하늘은 은나라에 가득 퍼진 죄악에 분노하였으며,

강태공 여상

백성은 대대로 원통함을 품었습니다. 주나라의 개국 군주인 무왕武王은 용감한 병사를 격려하고, 강태공姜太公 여상呂尙은 직간하는 강직한 지사들을 통솔했습니다. 마침내 은나라와 주나라가 전쟁을 벌인 상교商郊는 화살이 날아다니는 전쟁터가 되었고, 최후의 격전지인 목야牧野에서는 은나라 군대가 창을 거꾸로 들고 은나라를 공격하는 참상이 연출되었습니다.

대혼란으로 인해 은나라의 서쪽 요새인 맹문산孟門山에는 동쪽에 위치한 태항산太行山의 먼지가 휘날리고, 북쪽의 항산恒山에는 황하의 물결이 들이쳤습니다. 군사들은 숲처럼 가득했고, 죽은 병사들의 피는 방패를 떠내려 보낼 정도였습니다. 마침내 은나라의 보물은 모두 불에 탔으며, 주왕과 국가는 한꺼번에 멸망하고 말았습니다. 이를 《서경》〈태서泰誓〉에서는 "하늘의 천명天命이 은나라의 주임금을 죽였다"라고 적고 있습니다.

3) 진시황의 폭정으로 인해 단명으로 끝난 통일제국

진나라의 시황제가 군주일 때, 그는 천성이 모질어 사납고 평소의 마음 역시 탐욕스럽고 잔인했습니다. 유학자를 구덩이에 파묻어 죽였으며, 책을 불태워 사상을 통제했습니다. 자신의 공적을 칭송하는 사업을 크게 일으켰으며, 태산에서 하늘에 제사를 지내는 봉선封禪 의식도 거행했습니다. 그는 북방의 흉노족이 우환 거리가 되자, 대장군 몽염蒙恬을 동원해 진나라·조나라·연나라의 성을 연결해 만리장성을 쌓았습니다. 또 신선이 되고자 하여, 서불徐市(또는 서복)을 발해만의 삼신산三神山으로 보내 불로초를 구해 오도록 했습니다. 백성의 재산을 긁어모으고 부자들은 수도인 함양咸陽으로 강제 이주시켰으며, 백성들을 동원해 위수渭水 남쪽에 아방궁阿房宮을 지었습니다.

2대 황제인 호해胡亥 때에는 권력이 약해져 환관 조고 등 간신들에 의해 나라가 혼란해졌습니다. 그러다가 3세대 자영子嬰에 이르러

진시황

급기야 나라가 멸망하고 말았습니다.

《사기》〈진시황기〉에 따르면, 구슬이 호지군滈池君에게 되돌아간 해(B. C. 210)에 진시황이 붕어했고, 순행 중 갑자기 죽자 조고는 진시황의 전용 수레인 온량거輼輬車 뒤에 건어물을 실은 수레를 배치해 시신이 부패하는 냄새를 숨겼습니다. 즉 어렵게 이룩해 너무나도 쉽게 무너진 것입니다.

진시황이 사망하고 천하가 혼란해지자, 한고조 유방은 패서沛西 지방에서 용처럼 웅크리고 있었고, 초패왕 항우는 산동山東 지역에서 호랑이 이빨을 드러내고 있었습니다. 마침내 관중關中 지방에서 천하의 패권을 다투는 전투가 일어났습니다. 유방이 패상霸上 지역

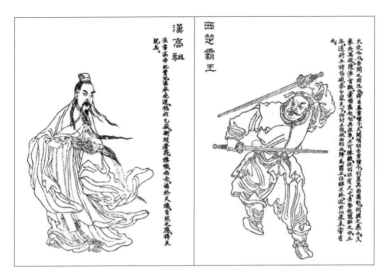

漢高祖

漢書高帝紀曰漢王先入闗秦王子嬰已降項羽政焼咸陽宮室所過無不殘滅秦人失望然恐不得脫於項羽之手此所以歸心於漢也

西楚霸王

太史公曰吾聞之周生曰舜目蓋重瞳子又聞項羽亦重瞳子羽豈其苗裔邪何興之暴也夫秦失其政陳涉首難豪傑蠭起相與並爭不可勝數然羽非有尺寸乗勢起隴畝之中三年遂將五諸侯滅秦分裂天下而封王侯政由羽出號為霸王位雖不終近古以來未嘗有也

유방과 항우

에 도착하니, 그 지역의 제후들은 양羊을 보내어 항복했습니다.

　전쟁은 중국의 변방인 효산崤山과 함곡관函谷關까지 번져 싸우는 소리가 어지러웠고, 농隴과 촉蜀 같은 오지에도 비릿한 피비린내가 진동하였습니다. 진나라의 2대 황제인 호해는 망이궁望夷宮에서 조고에게 살해당했고, 마지막 황제 자영은 지도軹道에서 목에 밧줄을 걸고 항우에게 항복하였습니다. 이렇게 만년을 위한 계책은 불과 2대를 갓 지나 멸망하고 말았습니다. 이러한 진나라의 단명을, 전한의 가의賈誼는 〈과진론過秦論〉에서 "인의를 실행하지 않았기 때문"이라고 평하였습니다.

　이상과 같은 여러 군주가 통치하던 시대는 불교가 전래하기 이전입니다. 그런데도 이들이 폭정을 행하여 망국에 이른 것은 나라의 명운이 다했다고밖에 볼 수 없습니다. 그러므로 불교가 전래한 이후에는 세상이 혼란하고 왕조가 단명한다는 주장은, 전혀 타당하지 않은 허구일 뿐입니다.

17

우리나라의 불교 전래와
불교가 국가를 이롭게 한 역사

1) 한국 불교의 시작과
삼국 시대의 불교를 통한 국운 융성

아! 불교는 참으로 희유한 가르침입니다.

우리나라의 역사서를 살펴보니, 중국 남조의 양나라에서 진흥왕 때 신라에 부처님의 사리를 보내오자 모든 관리는 직접 나가서 이를 영접해 모셨습니다. 이후로 사찰이 웅장한 모습으로 건축되었고, 불상도 찬란히 빛나 이 땅에 불교가 시작되었습니다. 이로부터 탁월한 신승神僧과 빼어난 고승들이 연이어 출현했습니다. 부처님의 가르침을 구하러 인도로 감에 있어서는 넓은 바다에 배를 띄웠고, 불법을

대각국사 의천 진영

구해 동쪽으로 돌아와서는 간혹 고구려나 백제에 머물기도 하였습니다.

삼국 시대의 왕과 신하들은, 모두 환희한 마음으로 달려가 부처님을 모시며 공경히 섬겼습니다. 신심 있는 이들은 수염과 머리를 깎고 출가했으며, 때론 손가락과 온몸을 태우는 소신공양燒身供養을 통해 국운이 융창하고 집안이 융성하기를 기원했습니다. 이 같은 불교 신앙으로 인해서 신라는 992년, 고구려는 705년, 백제는 618년이라는 길고 긴 왕조의 역사를 누렸습니다. 이러한 삼국 시대에 불교가 국가를 다스리는 데에 유해하다는 소리는 아직 듣지 못했습니다.

2) 고려 시대의 불교와 유장한 국가의 명운

고려의 태조 왕건이 후삼국의 혼란을 극복하고 삼한을 통일하자, 불법이 더욱 널리 퍼지게 되었습니다. 높은 관직에 있는 재상에서 재주가 뛰어난 사람들은 모두 다 마음을 기울여 불교에 귀의하고 불법이 널리 퍼지기를 갈망했습니다.

때문에 문종의 넷째 아들인 대각국사 의천을 비롯하여 왕족으로 출가한 분들도 다수가 있는데, 이는 불교가 악을 막고 선을 널리 퍼뜨리는 근본이 되었기 때문입니다. 이 같은 화려한 불교문화 속에서 고려 왕씨는 나라를 475년 동안이나 통치하였습니다. 이러한 고려 시대에도 불교가 나라를 다스리는 데에 유해하다는 소리는 없었습니다.

3) 조선의 선왕들도 불교를
   완전히 없애려고는 하지 않았다

생각건대, 우리 조선의 태조 대왕께서는 천명에 응하여 나라를 열어 흉악한 적들을 제거하였습니다. 태조의 위대한 명성은 일찍이 임금이 된다는 무학 대사의 예언과, 성인의 덕이 있어서는 《주역》〈건

조선 태조 어진

괘)의 '구오지위九五之位'에 의해 군주의 자리에 오르셨습니다. 경건하고 지혜로우며, 도덕적이고 재주 있음은 모든 왕의 으뜸이었습니다. 이로 인해 심오한 책략과 온화하고 공손함으로 뛰어난 인재들을 많이 포용하였습니다.

　나라를 창업하고 국가의 기틀을 잡은 후에는, 부처님께서 《법화경》을 설법하신 영축산과 전 인도를 최초로 통일한 아소카왕이 창건한 계원정사鷄園精舍에 마음을 두셨습니다. 또 무학 대사를 모시고 한양을 수도로 정하였습니다.

태종 대왕께서는 중용中庸의 도를 취하여 선왕의 덕을 계승하였습니다. 변방에서는 앞다투어 태종의 지배 영역으로 들어오려는 경사가 있었고, 또 노인을 돕고 약자를 이끌어 주는 인자함도 쌓았습니다. 악인을 정벌하면서도 탕 임금과 같은 관대함을 지녔으며, 죄인을 벌주면서도 혹시나 잘못이 있을까 싶어 우임금처럼 길을 가다가도 죄수를 만나면 수레를 멈추고 죄의 경위를 물어보았습니다. 또 선왕께 문안을 드리고 정무를 보고 난 여가에는 각원覺苑 즉 사찰을 찾아서 공사상의 이치를 탐구하였습니다.

세종世宗과 문종文宗 대에는 개국한 나라의 기틀을 다지고 안정시키며, 신중히 처신하여 많은 업적과 공로를 세웠습니다.

세조世祖 대왕께서는 학문을 대대적으로 진작하고, 군사적 위용을 널리 드러냈습니다. 덕이 있는 사람을 받들고 현명한 이들을 숭상하는 전통을 이어서, 도리를 논의하고 나라를 다스리는 위엄을 세웠습니다. 또 세조는 신성하고 총명한 자질로 널리 이익되는 공적을 세우고자 많은 노력을 경주하였습니다. 엄숙하고도 공손하며, 경건하고 조심스러워 참으로 영웅의 자질에 딱 들어맞았습니다. 이렇게 은혜로 빛나는 태양처럼, 불교적인 올바른 가르침으로 풍속을 일변하셨습니다.

성종成宗과 중종中宗 대에는 역대 왕들의 아름다운 뜻을 계승하며, 이 같은 규범을 후대에 전하였습니다. 또 특별히 승려들의 과거 시험 인 승과僧科를 설치하여, 나라의 과거 시험과 비견될 수 있도록 하였습니다.

명종明宗과 선종宣宗 대에는 역대 왕들이 남긴 교훈과 계획을 부지런히 실천하셨습니다.

인조仁祖 대왕께서는 역대 왕들의 큰 업적을 모으고, 하늘이 내린 천명을 알아 이를 받으셨습니다. 반란을 제압하고 포악한 이들을 죽이는 도리를 실천했습니다. 위험한 상황 앞에서는 임기응변으로 처리하는 방편이 있었고 나라의 재앙이 될 만한 싹은 반드시 자르며, 순임금이 그랬던 것처럼 간악한 신하들에게는 엄벌을 내리셨습니다. 또 백성의 생업인 농사에 관심을 가져, 탕임금이 7년 동안 가뭄이 들자 산천에 기우제를 올리며 행한 6가지(바른 행정·백성 위무·사치 절제·여성 단속·뇌물 엄금·언로 개방)의 올바른 정치를 실천해 가셨습니다.

인조는 참으로 예로부터 지금까지 짝을 찾기 힘든 참된 군주며, 현재를 넘어 미래에도 없을 성군이셨습니다. 그럼에도 연꽃 속의 진리와 깨달음의 도인 불교를 그대로 두었으며, 북돋아 주고 베지 않았습니다. 조선은 훌륭한 왕의 자손들이 대대로 계승하여 군주의 경사가 충만하며, 영원토록 다함없는 국가를 후대에 전하였습니다. 이러한 때에도 불교가 나라를 다스림에 해가 있다는 소리를 듣지 못했습니다.

《시경》〈주송周頌〉의 〈민여소자閔予小子〉에는 "위대한 조상들을 생각한다"라고 하였고, 또 〈노송魯頌〉〈반수泮水〉에는 "자신의 마음을 밝혀 나라를 세운 공로가 많은 조상에게 다가간다"라고 하였습니다. 그러므로 전하께서는 오직 역대 빛나는 조상들을 생각하시기 바랍니다.

《서경》〈대우모大禹謨〉에는 "항상 생각함이 조상의 공로에 있다"라고 하였고, 또 〈군아君牙〉에는 "조상들을 욕되게 하지 말라"라고 되어 있습니다. 그러므로 전하께서는 한 번 더 훌륭한 조상들의 판단을 깊이 생각해보시기 바랍니다.

18
모든 세상에는 불교가 있으니,
함부로 없애려고 해서는 안 된다

조선과 관련된 주위의 모든 세상에는 불교가 없는 나라가 없습니다.

이마에 문신을 하고 치아를 검게 물들이는 나라. 짐승처럼 마시며 상투를 치는 풍속이 있는 지역. 풀 옷을 입고 털 있는 고기를 먹는 지역. 몸에 문신하고 머리카락을 늘어뜨리는 지역. 동쪽과 남쪽이 끝나는 변방 지역. 서쪽과 북쪽이 끝나는 변방 지역들에도 모두 승려가 있습니다. 이들 지역을 다스리는 군주와 사대부가 백성을 교화하는 것은 승려와 관련되며, 이를 통해 자신들의 관점과 행실을 온전히 지키고 있습니다.

하물며 임금의 덕행은 금수마저도 포용하고, 지극한 자애는 초목에까지도 두루 미칩니다. 《맹자》〈양혜왕梁惠王〉에는 소로 제사하는 것을 슬퍼해 이를 대체하여 양을 죽이는 대목이 있는데, 생명에 어찌 차등이 있을 수 있겠습니까? 또《장자》〈산목山木〉에는 생명에 대한 다양한 관점이 제시되어 있으니, 함부로 승려들의 죽음을 가벼이 봐서 차별적인 생각을 일으켜서는 안 됩니다.

19

도선 국사는 사찰을 건립해
국가가 흥성할 수 있도록 하였다

　우리나라의 역대 고승들을 상고해보면, 나말여초의 도선道詵 국사는 실로 동방의 성승聖僧이십니다. 국사께서는 일찍이 당나라에 들어가 밀교의 고승인 일행一行에게 불법을 전수 받으셨습니다.《송고승전》권5에 따르면, 당나라의 도사인 윤음尹愔마저도 "일행 화상은 참으로 성인이시다"라고 찬탄했던 분입니다. 일행은 한나라 무제 때의 천문역법가인 낙하굉洛下閎이 설명한 600년 주기설을 받아들이고, 여기에《주역》의 대연수大衍數를 참고해 기존 역법의 오류를 바로잡았습니다.

　도선은 일행의 오묘한 학설을 모두 이어받고 동쪽 신라로 돌아왔습니다. 이렇게 천지의 이치를 연구하고 음양의 조화를 관통했습니다. 높고 낮은 산천을 두루 올라가 조사하고, 천오백여의 사찰을 창건하여 국가적으로 이익이 되는 비보사찰裨補寺刹로 삼았습니다.

이 과정에서 지세地勢가 신령한 곳에서는 반드시 예언하기를, "이 절이 흥하면 나라가 반드시 흥성한다"라고 하였습니다. 도선의 말이 거짓이고 현실적 근거가 없다면 모르지만, 기이한 징험이 있으면 사찰을 건립함이 국가의 명운과 나라를 다스림에 반드시 도움이 될 것입니다.

근래 양란의 과정에서 세상에 이름난 거대한 사찰들은 대개가 화재로 소실되고, 또 권세가들에 의해서 절을 빼앗긴 것도 부지기수입니다. 이로 인해 나라의 큰 기운이 무너지고, 산맥의 기운이 쇠약해질 때로 쇠약해졌습니다. 불교가 망하는데, 과연 나라가 흥하겠습니까? 도선의 예언으로 본다면, 사찰이 있고 없음은 국가의 흥망성쇠와 관련이 있습니다. 이 점을 신은 항상 국가를 위해 애통하게 여기고, 나라를 위해서 불안해하고 있는 것입니다.

20

고승의 존재 유무는
국가의 흥망과
직결되는 가치이다

　승려와 관련된 역사를 검토해보니, 제왕이 흥성할 때는 반드시 명망이 있는 고승을 방문해 국사國師로 모셨습니다. 국사란 나라와 임금을 돕는 큰 스승이라는 의미입니다. 고승의 출현은 국가적인 일이므로, "나라가 흥하려면 반드시 신승神僧이 출현한다"라는 기록이 있을 정도입니다.

　중국을 예로 들어보겠습니다. 후한 명제 때의 가섭마등, 양나라 무제 때의 보지寶志(418~514), 수나라 양제 때의 지의智顗(538~597), 당나라 태종 때의 현장玄奘(600~664), 송나라 태조 때의 마의麻衣 등이 바로 그들입니다.

　우리나라의 예로 들어보겠습니다. 신라의 묵호자墨胡子, 고구려의

266

양주 회암사지 무학대사 부도

순도順道, 백제의 마라난타摩羅難陀, 고려 개성의 도선, 조선 한양의
무학 등이 그들입니다.

이상의 여러 고승이 교활하고 남을 속였다면 모르지만, 그들의 가
르침과 교화는 넓고도 멀리 퍼졌습니다. 즉 신승이 출현함은 국가
에 이익을 주지만, 나라를 다스리는 데에 손해는 없는 것입니다.

요즘 세상은 황망하여 큰 덕을 가진 고승은 연기처럼 사라졌고,
불법이 높은 대덕들은 거품처럼 사라져 단절되었습니다. 이로 인해
불교의 가르침이 상속되는 계통은 막혔고, 사찰은 못내 황폐해졌습

니다. 불교가 장래에 쇠퇴하는데, 국가가 미래에 흥성할 수 있겠습니까? 《비기秘記》《도선비기道詵秘記》를 근거로 본다면, 신승의 출현 유무에 따라서 국가의 흥망성쇠 역시 달려 있는 법입니다. 이 점을 신은 항상 국가를 위해 안타깝게 여기고, 나라를 위해 근심을 하고 있습니다.

아! 전체적인 관점에서 본다면, 사찰이 있으면 이익이 있고 승려가 없으면 손해가 있을 뿐입니다. 나라를 다스리는 치도治道의 손익은 사찰의 유무와 관련이 있습니다. 그런데 하필이면 전하께서는, 승려를 없애고 사찰을 무너트린 연후에 치국평천하를 이룬다고 생각하시는 것입니까?

신은 거짓으로 전하를 속이는 것이 아닙니다. 임금께서는 역사서를 섭렵하여 고금의 일을 환하게 알고 계십니다. 과연 사찰을 없애고 흥한 임금이 몇 분이나 됩니까? 또 승려를 존속시키고 갑자기 망한 임금이 몇 분이나 된다는 말입니까?!

21

동아시아 비구니의
출가 역사와
내원당과 외원당의 구분

중국에서 여승인 비구니가 존재하기 시작한 것은, 멀리 한나라(후한) 때로까지 거슬러 올라갑니다. 당시 왕의 후궁 계급인 첩여婕妤와 궁녀 등 230여 명은 속세에 염증을 느끼고 불교로 귀의하였습니다. 또 정치인 여혜경呂惠卿과 도사 628명 등은 관직을 버리고 출가하여 승복을 갖춰 입었습니다. 이들을 위해서 후한의 제2대 황제인 현종顯宗(명제, 재위 57~75년)은 열 군데에 사찰을 창건하였습니다. 성안에 있는 세 곳의 절에는 비구니가 된 첩여 등이 편안히 살도록 하였고, 성 밖의 일곱 곳에는 비구와 여혜경 등이 머물도록 하였습니다. 이렇게 성의 안팎으로 구분 지은 것은 남녀의 구별이 있기 때문입니다.

우리 조선에서도 역시 이와 같은 법도가 실천되었습니다. 자수원

운악산 봉선사

慈壽院과 인수원仁壽院의 두 원院은 궁궐 바깥의 도성 안에 위치하니, 이는 선대 왕후王后들의 내원당內願堂인 셈입니다. 또 봉은사奉恩寺와 봉선사奉先寺의 두 사찰은 왕릉의 능침陵寢 안에 있으니, 성 밖에 위치한 선왕의 외원당外願堂이라고 하겠습니다. 내외를 구분한 것은 남녀의 구별이 있기 때문입니다. 이 같은 내·외원당 구조는 하루아침에 만들어진 것이 아니라, 실로 선왕先王과 왕후들에 의한 오래된 제도입니다.

우리 역사에서 사찰은 국가와 더불어 흥하고 국가와 함께 망했습니다. 때문에 사찰이 있으면 국가의 경사가 되지만, 사찰이 훼손되면 국가의 재앙이 되는 법입니다. 그러므로 《시경》〈대아大雅〉〈첨앙瞻卬〉에는 "사람들이 망한다고 하니, 마음의 근심이다"라고 한 것이 아니겠습니까!

22

선대의 유업을 계승해
사찰 철폐의
오류를 시정하라

이제 자수원과 인수원을 철폐한 것이 전하의 또 다른 근심이 될까 우려됩니다. 《시경》〈소아〉〈육아蓼莪〉에 "병瓶이 비어 있음은 술잔의 수치이다"라고 하였으니, 봉은사와 봉선사가 쇠망하면 이는 곧 전하의 수치인 셈이 아닐는지요!

지금 자수원과 인수원을 철폐해 비구니를 쫓아냈고, 봉은사와 봉선사를 폐기해 사찰의 노비들을 몰수하였습니다. 우뚝 솟은 활기찬 사원은 이제 고대 은나라의 황폐한 도읍지처럼 처참한 모습을 띠게 되었고, 청정한 비구와 비구니들은 일시에 곤궁에 처한 슬픔을 가지게 되었습니다.

섬길 사람이 없어진 불상은 마을 아낙네들의 마음을 아프게 하고, 삭발하고 가사를 착용한 방포원정方袍圓頂의 승려들은 애처로워하는 마을 어린이들의 눈물을 닦아주고 있습니다. 임금의 너그러운 마음은 충분한데, 무엇을 꺼려 선대의 유업인 내원당의 비구니들을 내쫓으신단 말입니까? 또 전하의 부유함이면 충분한데, 무엇이 부족하여 선왕이 남긴 외원당의 노비들을 빼앗는단 말입니까?

《춘추》〈소공昭公〉 15년 조에서, 목자穆子는 "옛날의 좋은 것을 버리면 상서롭지 못하다"라고 하였습니다. 오늘날 상서롭지 못한 것으로는 사찰을 폐기한 것이 가장 큽니다. 또 〈소공〉 18년 조에는 우자郞子의 말로 "나는 돌아갈 곳이 없다"라고 했습니다. 오늘날 돌아갈 곳이 없기로는 쫓겨난 비구니들이 가장 크다고 판단됩니다.

하늘의 이치로 말하면, 선왕과 선후의 법도를 따름이 이치에 순응하는 것입니다. 또 사람의 일로 말하면, 하루아침에 만들어진 논의를 따르는 것은 이치에 위배됩니다. 그러므로 《서경》〈태갑상太甲上〉에서는 "너희 조상들의 행실을 따른다"라고 한 것이며, 《서경》〈낙고洛誥〉에서는 "전대 사람이 이룬 업적을 더욱더 굳건히 한다"라고 하였던 것입니다. 참으로 이렇게 하는 것이야말로 하늘의 이치에 순응하는 일일 것입니다. 또 《춘추》〈성공成公〉 9년에는 "선군先君을 잊지 않는다"라고 하였고, 《예기》〈교특생郊特生〉에서는 "조상의 명을 받든다"라고 하였습니다. 마땅히 이렇게 하지 않으면 사람의 도리에 위배되는 것이기 때문입니다.

23

두 비구니 사원을 없애고
비구니를 쫓아낸 것은
선왕을 계승한 것일 수 없다

　이번에는 임금과 백성의 관계에 대해서 말씀드리겠습니다. 임금이 있으면 반드시 백성이 있고, 백성이 있어야 군주도 존재하게 마련입니다. 그러므로《시경》에서는 "나만 홀로 백성이 아니랴?"라고 하였고,• 《서경》〈대우모大禹謨〉에는 순임금의 말로 "백성을 사랑해야 할 사람은 임금이 아닌가?"라고 하였던 것입니다.

　비구니들이 어찌 임금의 백성이 아니며, 전하는 비구니들의 임금이 아니겠습니까? 백성은 임금을 받들며 임금은 백성을 관할합니다.

• 현재《시경》에는 이 구절이 존재하지 않는다. 아마도 백곡의 인용에 오류가 있었던 것이 아닌가 한다.

그러므로 백성은 임금을 정성스럽고 공경해야 하며, 임금 역시 백성을 자애하고 관대하게 대해야만 합니다. 이것이 바로 존비尊卑의 명분이고 상하 간의 도리인 것입니다.

그런데 이제 갑자기 두 비구니 사원이 헐리면서 비구니는 강제로 쫓겨났습니다. 만약 비구니를 추방하는 것이 옳다면, 이 제도를 유지한 선대 왕들의 영령은 전하에게 부끄러움을 가지게 될 것입니다. 그러나 사찰을 철폐하는 것이 잘못이라면, 전하께서는 선대 왕들의 영령에 부담감을 가지게 되는 것입니다.

아! 이상의 일로 추론해보면, 사찰이 존속되는 것은 순리이나 비구니를 추방하는 것은 순리가 아닌 것이 명백합니다. 국가의 정치가 순리적으로 될 것이냐, 또는 잘못될 것이냐는 사찰의 존폐와 비구니를 추방한 일과 결코 무관하지 않습니다. 그런데도 하필 전하께서는 사찰을 혁파하고 비구니를 추방시킨 연후에야, 어진 정치를 행하실 수 있다는 생각하신단 말씀입니까!

신은 근거 없이 군주를 현혹시키는 것이 아닙니다. 전하의 효성스러움은 하늘을 감동시키고, 지혜는 사람의 도리에 통달해 있습니다. 그런데 선대 왕후께서 남기신 법도를 생각한다면, 어떻게 차마 비구니를 추방시킬 수 있단 말입니까? 또 선왕의 법도를 생각한다면, 어찌 사찰의 노비를 빼앗을 수 있겠습니까!

24

사찰에 군주의 위패를 모신 연원과 위패를 없애고 제사를 그치면 안 되는 이유

또 사찰에는 역대 제왕들의 위패를 모셨는데, 이는 당나라 때부터 시작된 전통입니다. 당 현종의 개원開元(713~741) 연간에 활동한 도의道義 선사는 금각사金閣寺를 창건했습니다. 후일 대종代宗이 두 종류의 세금으로 사찰을 후원해 주니, 고조와 태종 이하 일곱 분 왕들의 위패를 모시고 황제의 칭호를 그 위에 표시하였습니다. 그러고는 광순문光順門에 모든 관리를 도열한 후 사찰 안으로 맞이하여 차례로 제사를 올리니, 이때부터 해마다 지내는 것을 원칙으로 하게되었습니다. 때마침 황실의 사당인 태묘太廟와 동·서의 두 궁궐에영지靈芝가 홀연히 자라나는 이적이 발생하니, 대종 황제는 직접 시를 지어 부처님의 공덕을 크게 찬탄하였습니다.

당 현종

우리 조선에서도 당나라의 제도를 본받아, 내·외원당에 왕의 위패를 모신 지가 수백 년이나 되었습니다. 이것은 새롭게 논의될 일이 아니며 공경하고 존중해야 할 일일 뿐입니다. 그런데 지금 하루아침에 땅속에 위패를 묻어 버렸으며, 제단도 무너트려 제사를 끊어 버렸습니다.

전하께서는 사찰이 위패를 모시는 곳으로 합당하지 않아서 그렇게 하신 것입니까? 그렇지 않다면, 시대가 많이 흘러 더 이상 존속시킬 필요가 없다고 생각하신 것입니까?

만일 사찰에 모신 것이 잘못이라면, 이는 예전 사람들의 식견이 높지 못함이니 전하의 잘못이 아닐 수 있습니다. 그러나 만약 시대가 많이 흘러 그렇게 된 것이라면, 이는 앞선 근거가 뚜렷한 것이므로 함부로 땅속에 묻을 일이 아닙니다.

은나라 때에는 공손헌원黃帝과 요·순임금을 모시는 삼종三宗이 있었고, 주나라 때에는 태조 이하 천자 일곱 분을 모신 사당인 칠묘七廟가 있었습니다. 이를 합하여 '종묘宗廟'가 되는 것입니다. 종묘의 법도에 따르면, 고대에 후손이 불분명한 오래된 위패인 조주桃主는 태조묘太祖廟의 동서쪽 협실로 옮겨 모셨을 뿐 땅속에 묻었다는 말은 듣지 못했습니다.

주나라 때 종묘에 위패를 진설하는 소목법昭穆法*에 근거하면, 중앙의 좌측인 소昭 자리에 있는 위패를 옮길 때는 문왕文王의 사당으로 옮겼습니다. 또 중앙의 우측인 목穆의 자리에 있는 위패를 옮길 때는 무왕武王의 사당으로 옮겼을 뿐, 땅에 묻는다는 말은 없습니다. 하물며 시조는 백 대가 지나더라도 위패를 다른 곳으로 옮기지 않는 불천위不遷位이므로, 함부로 옮기는 것은 감히 있을 수 없는 일

---

* 소목법이란 중앙을 중심으로 좌측은 소昭, 우측은 목穆으로 해서 좌우를 교대로 진설하는 방식이다. 불교의 시왕전에서 시왕을 모실 때, 지장보살의 좌측인 소에 1·3·5·7·9를 배치하고 우측인 목에 2·4·6·8·10을 배치하는 형태도 이러한 소목법에 따른 유풍이다.

입니다.

　사원은 부처님을 모신 장소라고 해서 불우佛宇라고도 불렀습니다. 비록 종묘는 아니지만, 이미 선왕의 위패가 모셔졌다면 종묘와 같은 위계를 가진다고도 할 수 있습니다. 춘추시대에 정鄭나라의 자산子産이 향교를 허물지 않자, 공자는 그가 어질다고 평가했습니다. 또 당나라의 이영李榮이 사당의 위패를 없애는 것을 논의하자, 한유는 그를 맹비난하였습니다. 하물며 우리 태조 이하 역대 왕들께서는 존귀한 신령이신데, 왕의 명칭이 새겨진 신주를 땅속에 묻는다는 게 어떻게 가능하단 말입니까!

　춘추 시대의 채묵蔡墨은 《춘추》 〈소공〉 32년 조에서, "옛 유적을 허물지 않는다"라고 하였습니다. 국가의 오랜 유적으로 제사를 지내는 장소만큼 중요한 것이 또 어디에 있겠습니까? 춘추시대의 자어子魚는 《춘추》 〈정공〉 4년 조에서, "옛날의 제도를 따른다"라고 하였습니다. 국가의 전통적인 제도 중에, 군주가 시조를 받들어 모시며 올리는 제사만큼 큰 것이 어디에 있단 말입니까?!

　하늘의 이치로 말한다면 공경할 만한 전통을 지켜 나가면 이익됨이며, 사람의 일로 말하면 소란스러운 논쟁을 일으키는 것은 손실이 됩니다. 그러므로 《서경》 〈상서商書〉 〈열명하說命下〉에서는 "선왕들이 완성한 법도를 거울로 삼는다"고 하였고, 〈주서周書〉 〈필명畢命〉에는 "선왕들이 완성한 공적을 공경하며 따른다"라고 했던 것입니다.

진실로 이와 같이 한다면 하늘의 이치를 얻는 것이 될 것입니다. 또 《주역》의 〈수괘需卦〉〈구삼九三〉에는 "공경하고 신중하면 패배하지 않는다"라고 하였고, 〈곤괘困卦〉〈구오九五〉에는 "제사를 지냄이 이롭다"라고 했습니다. 이는 능히 이와 같이 하지 않으면, 능히 사람됨을 잃어버리게 되기 때문이 아니겠습니까!

선왕의 위폐를 묻고
제사를 폐지하자
가뭄이 계속되는 재앙이 발생했다

신이 날짜를 계산해보니, 가뭄과 기근이 든 것은 위패를 묻은 해에서부터 시작되어 지금으로 4년째에 접어들고 있습니다. 백성들은 벼를 심지도 못하고 곡식 수확도 안 되는 상황이니, 멀건 죽조차 솥에는 없습니다. 아들을 데리고 남의 종으로 팔아 곡식과 맞바꾸니 부부가 마주 보고 눈물을 흘리며, 자식을 팔아 살아 나갈 계책을 세우니 부모와 자식 간에는 생이별을 하게 됩니다. 또 유리걸식하며 떠돌아다니는 이들은 길을 덮고, 굶어 죽는 사람들은 거리를 메울 지경입니다.

춘추 시대의 유하劉夏는 《춘추》〈소공〉 원년 조에서, "신神이 노하면 그 제사를 받지 않는다"라고 하였습니다. 혹시 선대왕들의 영혼이 노해서 제사를 받지 않아, 나라가 이와 같은 상황이 초래된 것은 아닐는지요? 또 춘추 시대의 안영晏嬰이 찬술한 《안자춘추晏子春秋》에는 "귀신이 나라의 제사를 받지 않고 재앙을 내린다"라고 하였습니다. 혹시 선대왕들의 영혼이 노하여, 국가에 등을 돌려 나라가 이 지경이 된 것이 아닐까요? 그렇지 않다면, 어찌 오늘날 덕이 많은 임금이 다스리는 시대에 가뭄이 몇 년이나 지속될 수 있겠습니까? 이 것은 선왕의 위패를 땅에 묻고 제사를 끊은 결과 외에는 달리 의심할 일이 없습니다. 그러므로 현재의 문제 상황을 근거로 과거를 살펴보면, 일의 잘못됨이 크다고 하겠습니다.

무덤의 부장품으로 사용하는 사람 형태의 인형인 용俑을 만든 행위가 비록 미미한 일이지만, 위대한 성인인 공자는 《맹자》〈양혜왕 상〉에서 용을 만든 사람의 후손이 끊길 것임을 예견했습니다. 돌을 땅속에 묻은 것은 비록 사소한 일이지만, 신승神僧은 위진남북조 시대의 후조의 석씨石氏가 반드시 망하게 될 것이라고 예언하였습니다. 하물며 지금 역대 군왕의 위패는 나무로 제작된 현 왕조 선왕들의 것입니다. 그런데 땅에 파묻는다면 일이 어떻겠습니까?

이번에는 조상과 후손의 도리로 말해보겠습니다. 조상이 있으면 반드시 후손이 있게 마련입니다. 해서 《서경》〈태갑太甲〉 중에는 "너의 빛나는 조상을 본받으라"고 하였으며, 《시경》〈상송商頌〉〈나那〉에는 "오 빛나는 탕의 후손이여!"라고 했던 것입니다. 역대 군왕들이 어떻게 전하의 조상이 아니며, 임금께서는 어찌 역대 군왕의 후손이 아니겠습니까? 후손은 조상을 계승하고, 조상은 후손들에 의해 기려지면서 영원한 생명력을 가지게 됩니다. 그러므로 후손들의 효도는 조상들을 추모하는 것이며, 조상들의 영혼은 음덕으로 은밀하게 후손들을 도와주는 것입니다. 이것이 바로 저승과 이승 간에 벌어지는 일상의 이치이며, 죽은 사람과 산 사람이 해야 하는 당연한 모습입니다.

위폐를 묻은 것이 옳다면, 선왕들의 영혼은 임금께 노여워하지 않을 것입니다. 그러나 제사를 폐지한 것이 잘못이라면, 임금께서는 선왕들의 영혼에 보답하지 못한 것이 됩니다.

아! 이제 반대로 살펴보면, 위폐를 설치하는 것은 이익이 되고 제사를 중단하면 손실이 있다는 것을 알 수 있습니다. 교화의 득실이란 그 사이에서 나오는 것인데, 임금께서는 하필 위패를 훼손시키고 제사를 폐지한 연후에야 덕에 의한 교화를 실행하려 하신단 말입니까!

26

자수원과 인수원을 복원하고
당장 불교 탄압을 중단하라

　신은 유언비어에 따라 임금께 외람되이 말씀드리는 것이 아닙니다. 전하의 도덕심은 하늘과 백성을 관통하고, 학문은 심오한 경지에까지 도달하셨습니다. 제사 지내는 제단이 무너지는 것을 안타깝게 여긴다면, 어떻게 선왕들의 위폐를 땅에 묻을 수 있겠습니까? 또 국왕의 시조에게 지내는 제사가 끊어지는 것을 슬퍼한다면, 어찌 그 올리는 제사를 없애려고 하신단 말입니까?

　상세하게 논한다면, 봉은사와 봉선사의 두 절은 쇠망케 해서는 안 되며, 자수원과 인수원의 두 원도 폐지해서는 안 됩니다. 이러한 두 가지 일을 함께할 수 없다면, 차라리 봉은사와 봉선사의 두 절을 무너지게 해주십시오. 또 비구니는 쫓아내서는 안 되며, 역대 왕들의 위패도 땅에 묻어서는 안 됩니다. 만일 두 가지를 함께 복구시킬 수 없다면, 차라리 비구니를 쫓아내 주십시오. 우선순위가 그렇기는 하지만, 이것은 부득이해서 하는 말로 진실을 말하자면 두 가지 모두 해서는 안 되는 일들입니다.

왜냐하면 역대 군왕의 위폐를 땅에 묻은 때로부터 비구니를 쫓아낸 금년에 이르기까지, 비가 제때에 내렸습니까? 날씨가 조화를 이루었습니까? 그렇다고 오곡이 익었습니까? 백성들이 즐거워했습니까? 작년의 가뭄은 그 전년보다 심하고, 금년의 가뭄은 또 작년보다 심합니다. 상황이 이러할진대, 내년의 가뭄이 금년보다 심하지 않을 것이라고 어찌 장담하겠습니까?

바라옵건대, 전하께서는 위로는 역대 군왕들이 순리에 따라 업적을 이룬 것을 본받으시고, 아래로는 부족한 신이 간언하는 정성을 살펴주십시오. 또 지난 일들을 깊이 궁구하여, 미래에 발생할 좋은 일들을 막지 말아주십시오. 그러면 선왕의 영혼들이 아낌없는 도움을 줄 것입니다. 또 이렇게 하면 전하께서는 사찰을 폐지하고 혁파하는 허물이 없게 될 것이니, 사람들은 모두 기뻐하고 귀신도 즐거워할 것입니다. 이렇게 되면, 삼강오륜의 오륜(부자유친·군신유의·부부유별·장유유서·붕우유신)이 순조롭게 실행되며 모든 관리의 일이 제때에 시행될 것입니다.

또 계절에 따라 해와 달 및 수성·화성·목성·금성·토성의 칠정ㄴ

政의 운행이 고르게 되며, 백성들은 친족과 더불어 화목하게 살 것입니다. 곳곳에서 평안하여 배를 두드리는 일종의 격양가擊壤歌가 소리가 들리고, 백성들에게는 찡그리는 탄식이 없게 됩니다. 때문에 태평한 세상이 이룩되고, 융성한 국가의 복을 이어갈 수 있게 될 것입니다.

신은 선조先朝이신 효종 임금께 외람되이 은혜를 입은 바 있으므로 감히 오늘에 목숨을 돌보지 않는 바입니다. 두려운 마음을 감당할 길이 없으나, 삼가 죽음을 무릅쓰고 전하를 위하여 깊이 아뢰나이다.

〈諫廢釋教疏〉(《大覺登階集》卷之二)

1.

臣聞孔子曰。可與言而不與言。失人。不可與言而與言。失言。言或可以有中。聽不可以無誠。故堯咨尹壽。舜訪務成。彼以至聖之資。咸居極貴之位。則不必取蓬蒿之人。不必納蒭蕘之言。然所以勤歟者。蓋益我者存焉。何則。取人則必見賢人。納言則必聞善言。言不必鄒魯之言。故仲尼學於老聃。人不必堯舜之人。故西伯師於呂望。是故若以邦域。爲嫌而廢言。失言。若以時代。爲訝而棄人。失人。可不察哉。可不明哉。

2.

夫世治則逸人願從。故漢遵四皓。俗醇則清輩間出。故晉高七賢。七賢豈皆伊傅周召之相才乎。四皓寧盡韓彭衛霍之將略乎。然而咸在提封。得充臣妾者。或助仁后之隆化。或扶聖君之優治。故安民之才。必憑十亂。濟世之智。亦待三愚。其猶洪鍾萬鈞。非片錄所鑄。大厦千間。豈一世所搆哉。

3.

伏惟聖神文武主上殿下。誕膺天命。纘承丕位。儲宮之日。孝誠趍乎鷄鳴。君臨以來。恐怨生乎雉雊。輕徭減賦。則蒼生怡顏。恤寡憐孤。則赤子延頸。二三載之間。化冶生靈。數千里之外。恩添品。三王不仁則已。仁則殿下是也。五帝不聖則已。聖則殿下是也。豈意今日之巢許復遇昔時之堯舜乎。

4.

雖然自古明君聖王政非不明也。治非不仁也。而躬臨萬機慮有一失。故書有訓君之誥。詩存戒王之篇。是以矜憐鄙陋。枉屈從諫者。君父之仁也。冒瀆尊嚴。唐突進言者。臣子之忠也。故說命曰。木從繩則正。后從諫則聖。此君父之所可鑑也。春秋傳曰。君所謂可而有否焉。臣獻其可。以去其否。此臣子之所可效也。

5.

臣以至微至賤。猥叨桑門。謬忝竺教。人世上一贅物。水雲間隻枯容。其於君臣父子之義。素昧留心。得失治亂之談。寧能剌口。而今敢稱臣者。固知濫矣。然昔法果沙門。拜安城侯。不空法師。封肅國公。咸以臣例。紆荷主恩。則詩所謂。莫非王臣。書所謂。徯我后來者。固無揀擇於彼此也。然則為人臣者。雖甚無狀。凡有愚計。不得不稟於君父也。謹因朝報。伏奉聖旨。遂令僧尼。並從沙汰。尼已還俗。僧亦議廢。臣實闇斷。未窺聖慮之何謂也。聖慮必以佛氏。生彼西方。入此華夏。有異邦域而然歟。抑出三代後。非上古法。有殊當代而然歟。抑偶啓因果。謬暢報應。有誣輪廻而然歟。抑不畊不蠶。遊手遊食。有耗財帛而然歟。抑妄為剃落。每罹憲網。有傷政教而然歟。

抑托號浮圖。苟避徭役。有失偏伍而然歟。臣請先言佛興之始終。後陳右列之條目。
仰懇宸襟。乞垂睿覽。

6.

臣逖覽前史。詳考歷代。周書曰。佛昭王二十四年甲寅出世。夜有五色光氣作青紅
色。王問太史蘇由曰。是何祥也。對曰。西方有大聖人生也。至穆王五十三年壬申。佛
入寂。時有白虹一十一道貫通南北。王問太史扈多曰。是何徵也。對曰。西方有大聖
人滅也。又吳太宰問孔子曰。夫子聖者歟。曰丘博識強記。非聖人也。然則孰爲聖者
與。夫子動容而對曰。西方有大聖人。不言而自信。不化而自行。又藏子曰。萬歲之後。
一遇大聖。知其解者。是朝暮遇之。皆指佛而言也。

7.

逮秦始皇時。沙門室利防等來自西域。帝惡其異俗。以付獄。俄有神碎獄門而出之。
帝懼厚賜遣之。至漢武帝時。霍去病獲昆耶王及金人率長丈餘。帝以爲大神。安于
甘泉宮。又遣博望候張騫。西徃身毒。獲浮屠法。元帝時。光錄大夫向。得梵本經二十
餘卷。編入仙傳。哀帝時。景憲奉使月支國。其王投獻浮屠經。明帝時。感夢遣中郎將
蔡愔等。西訪其道。獲迎摩騰法蘭二僧而還。自是教法流行。漸於漢曹魏之間。盛於
李唐趙宋之際。聖主賢臣。莫不憑賴。或治其國。或齊其家。此其佛興始終之大略也。

8.

8-1

殿下若曰。有異邦域而廢之。則孔聖之轍。止於魯而不必環於陳蔡。孟賢之舌。藏於鄒而不必棹於齊梁。其猶趙壁。不得連城於秦價。隋珠不能照乘於魏誇。豈以舜生於東夷。禹出於西羌。爲不聖。而聖中國之桀紂乎。豈以由余生於戎。季札出於蠻。爲不賢。而賢中國之跖蹻乎。是以魯叟。欲居九夷。華人願生三韓。況舟車所通。雨露所同。夷夏之境相接。內外之聖不殊。故劉元城曰。孔子佛之言。相爲終始。李屛山曰。三聖人者。同出於周。如日月星辰之合於扶桑之上。江河淮漢之匯於尾閭之涯。迹此觀之。中庸所謂道并行而不相悖。繫辭所謂殊途而同歸者。可謂聖之不殊。若柱箭鋒。道之不異。如合符節。此不可以有異邦域而廢者一也。

8-2

殿下若曰。有殊時代而廢之。則書契之籍。不必代結繩之政。屋宇之安。不必易居巢之危。其猶冬食不宜春畊之粒。夜眠不合晝坐之堂。豈以三仁。出於殷滅。爲不忠。而忠上古之九黎乎。豈以十哲。生於周衰。爲不法。而法上古之四凶乎。是以庖犧畫卦。易道顯乎文王。夏后叙疇。洛書成乎箕子。況乾坤所位。日月所臨。古今之致同焉。前後之規一也。故趙孟曰。一彼一此。何常之有。孟子曰。彼一時也。此一時也。迹此觀之。如使舜禹復生。必曰佛氏。吾無間然矣。湯武復出。必曰佛氏。吾何言哉。然則魯論所謂後生可畏。左史所謂視遠如邇者。可謂時異而事同。代殊而理一。此不可以

290

有殊時代而廢者二也。

8-3

殿下若曰。有誣輪回而廢之。則唐天子之玉簫。不必假道僧而傳。晉都督之金環。不
必因隣媼而得。其猶落暉沉江。應無來日之再繼。殘花墜岸。必無明春之重敷。豈以
裴休是許玄度之奮身。爲不信。而信堂上之弓蛇乎。豈以章阜是諸葛亮之前魂。爲不
眞。而眞路中之石虎乎。是以眞宗開咲。悟斯天尊之降誕。仁宗止啼。驗是大仙之下
生。況死生所系。禍福所召。壽夭之分定矣。休咎之徵昭焉。故賈誼曰。千變万化。未始
有極。李士謙曰。鄧艾爲牛。徐伯爲魚。君子爲鵠。小人爲猿。迹此觀之。禮記所謂鼠化
爲鴽。莊書所謂鯤變爲鵬者。可謂事殊而致一。言異而意同。此不可以有誣輪回而廢
者三也。

8-4

殿下若曰。有耗財帛而廢之。則舜虞操耒於歷山。而不必南面爲君。伊尹揮鑱於莘
野。而不必北面爲臣。其猶魯食不適杞夫之肥。越炙不合秦人之嗜。豈以孔丘不如老
農。爲不達。而達問稼之樊須乎。豈以孟軻養於野人爲不儉。而儉捆屨之許行乎。是
以出遊闐闠者。不必皆耘耔而餬口。深居閨室者。不必皆績紡而遮身。況經世之君。
治國之主。以德爲本。以財爲末。故召公曰。所寶惟賢。則邇人安。孤佃曰。無以爲寶。
仁親以爲寶。迹此觀之。經傳所謂。有土。此有財。武成所謂。大賚于四海者。可謂土

有則財聚。不憂耗也。財散則民聚。不願畜也。此不可以有耗財帛而廢者四也。

8-5

殿下若曰。有傷政教而廢之。則上非不教而堯有丹朱之子。下非不諫而舜有瞽瞍之父。其猶薰蕕雜乎蘭芷之叢。鸑鷟亂乎鳳凰之群。豈以畀泥之不忠爲可誅。而塞其爲臣之路乎。豈以癸辛之不明爲可放。而絕其戴君之義乎。是以僧干朝憲。則黥之可也。殺之亦可也。尼犯俗刑。則剕之可也誅之亦可也。寧咎釋而惡之。幷與佛而廢哉。但以性品。或不遷於善。非是教法。能使染於惡。故子產曰。人之所善。吾則行之。人之所惡。吾則改之。李師政曰。靑衿有罪。非關尼父之失。皁服爲非。豈是釋尊之咎。迹此觀之。大易所謂。赦過宥罪。多方所謂。明德愼罰者。可謂人雖可罰者有矣。法不可廢者明焉。此不可以有傷政教而廢者五也。

8-6

殿下若曰。有失偏伍而廢之。則矯托於輦轂之下。而戶不出稅者。幾多。詐欺於蕃鎭之間。而名不添丁者。何限。而佛道陵遲。僧役浩穰。有同編戶。無異齊民。兩西則占軍籍者多。三南則應官微者衆。紙楮之貢獻中國者。皆出於緇衣。雜物之進納上司者。盡倚於白足。其餘百役。督索万般。衙門繞退。官令繼至。忙迫失期。則或遭囚繫。創辛罔措。則或被鞭朴。至於諸道郊。壘南漢山城。千里裹粮。每歲守堞。身同戍客。迹等征夫。紺髮靑眸。櫛風沐雨。素襪白衲。蒙泥染塵。粵有警急。則蜂屯蟻聚。爰臨戰

292

伐。則電掣雷犇。千百爲群。什伍作隊。桃弧棘矢。左挽右抽。大戟長鈹。前驅後殿。鋒

爭晋楚之强。陣習嬴越之法。迹此觀之。國風所謂。王事靡盬。小雅所謂。朝夕不暇者。

可謂孤恩者寡矣。仗義者多焉。此不可以有失偏伍而廢者六也。此其右列條目之大槩

也。臣智不衛蔡。誠非橫草。莫是此六之外別有所害。

9.

無補於治平而然歟。臣誠言前代崇奉之君護持之臣而質之。以君言之。則崇奉之君。

不翅千萬。而略擧數主焉。修明禮樂。孰如漢明帝乎。隆興儒雅。孰如孝章帝乎。文武

兼脩。孰如梁武帝乎。混同四海。孰如隋高祖乎。混一車書。孰如唐太宗乎。

9-1

漢明之治世也。有文雅威重。而恭儉兼焉。無奢靡淫麗。而經略能焉。有崇儒尚德。而

政治明焉。于斯時也。臨雍拜老。執經問義。其宿儒文士之濟濟。猶周南麟趾之洋洋。

三代以來。儒風之盛。未有若是之偉。而詔以釋迦寶像。安顯節陵及清凉臺。班固傅

毅。頌其勳德。於漢爲最。而惟鍾離意。特以帝性福答。書爲實錄。豈良史哉。

9-2

章帝之治世也。選用柔良。而開忠諫之路。明愼政躬。而除嚴刻之刑。雅好文章。而

崇儒術之典。于斯時也。有神雀神鳳之來儀。現白烏白鹿之瑞祥。徐州刺史王景。

上金人頌。美先帝致佛之功。載于漢書。而惟史氏。特以譖廢太子書。爲害政。豈篤論哉。

9-3

梁武之治世也。允文允武。而闡揚儒業。多藝多才。而載戢干戈。施德施仁。而澤周遐裔。于斯時也。殿有五色雲。六隻龍而守柱。庭有三足烏二孔雀而歷階。書契以來。靈異之應。未有若是之奇。而日夕齋戒。到老不倦。史官魏徵曰梁武固天攸縱道亞生知。可謂天下仁人。而惟韓愈。特以索蜜不至。書爲餓死。豈直筆哉。

9-4

隋祖之治世也。君臨万國。而運啓嘉號。廢周六官。而剙置禮樂。依漢三省。而聿遵法度。于斯時也。天兆龜文。而水潤五色。地開醴泉。而山呼万年。魏晋以來。開拓之功。未有若是之廣。而岐州等三十。各建寺塔。石室論曰。隋文開統。身及太平。固一世之英主。而惟杜牧。特以偸竊位號。書爲不終。豈警辭哉。

9-5

唐宗之治世也。戡定禍亂。而革季俗之衰。撥吞蝗虫。而救年穀之災。肅振軍旅。而服遠夷之强于斯時也。五靈一角。雜沓而呈祥。白狐朱鴈。昭彰而現瑞。兩漢以來。剙業之規。未有若是之宏。而追崇穆太后。流涕而建寺。唐史贊曰。盛哉。太宗之烈也。

294

比迹湯武。庶幾成康。而惟歐陽脩。特以好功勤兵。書爲病疵。豈諒言哉。是皆稀世
之君也。

10.

以臣言之。護持之臣。不趐千萬。而略擧數代焉。晋世。則有郤超孫綽許詢陶潜王導周
凱庾亮王蒙王恭王謐郭文謝尙戴逵之徒。梁世則有任昉何點何胤沈約劉勰傅翁
傅蕭宗李寔李胤之阮孝緒之輩。唐世有柳宣宋景張說王維王縉梁肅李誏劉軻陸羽
李翺崔黯韋宙杜鴻漸白居易之儔。宋世則有錢俶王旦楊傑楊億魏杞李覯蘇軾蘇
轍李邴曾開李遵勗張德遠之類。或翊亮朝猷。資諧廟筭。或杭迹烟霞。棲身林壑。或
磅礴文章。馳騁詞句。咸誓死而耽玄。並忘形而稟教。是皆空匹之臣也。此數君諸公。
可謂奉佛尤勤。而未聞有害於治平者也。

11.

臣又言前代廢斥之君排毁之臣而質之。以君言之。則廢斥之君。不過數三。而惟魏武
帝。誣排釋教。建靜輪天宮。費竭人財。而終感疾。周武帝。殲戮沙門。身服黃衣。熱發
晋陽。而失音抵死。唐武宗。罷除寺像。餌金丹藥。會昌不滿。而早致崩亡。周世宗。毁
仆鑄像。歲造僧帳。擧兵北伐。而疽遺殂落。是皆衰世之君也。

12.

以臣言之、則排毀之臣、不過數三、而惟傅奕附張道源之助、奏疏於唐祖、請罷釋教、宰相蕭禹、斥其謗佛之罪科、而太宗惡奕言悖、終身不齒、又崔浩信冠謙之之術、建白於魏武誅滅沙門、司馬溫公、譏其擇術之不智、而路人恣浩元惡、行溺其面、又張賓攜章孝寬之黨、譎譖於周武、猜毀浮圖、大夫甄鸞、辨其佛法之正直、而尚書唐臨、因其抵排、述冥報記、又趙歸眞、從劉玄靜之倿、暗訴于唐武、焚廢淨坊、拾遺王哲、諫其信諂之太過、而史氏論其革罷、好惡不同、是皆李習之臣也、此數君諸公、可謂斥佛尤篤、而未聞有補於治平者也、

13.

大抵前代君主之所爲不出於自用、皆因市虎之傳言、致有機母之投抒也、

14.

業儒之士、莫賢乎程朱、而程明道、不背塑像、朱晦菴、喜看佛書、爭戲之間、只以文字斥之不過、曰似高而無實、近理而亂眞、廢佛之論、未之見焉、韓退之上表排佛、西蜀龍先生、憤其言忤、著書攻之、愈後與太顚交遊、尚書孟簡寄書、嘉其改迷、故黃魯直謂、韓愈見太顚之後、排佛之論少沮云、歐陽脩、慕韓愈爲人、喜排釋氏、嘗遊嵩山、遇僧談話、不覺膝之自屈、故謝希深、作文記其事云、司馬光繼荀孟之志、方營汰去、因謁圓通、忽悟宿願、遂忘意之自銳故、公之言曰、其精微不出吾書云、張尙英尊孔

氏之道。欲作無佛論。尋叅從悅。豁省心地。乃著護法論。後登右揆。久旱而雨故。唐子
西賦詩。頌其美云。此皆豪傑之士。而只以文字斥之。廢佛之論。又未之見焉。則歃味
之間。默契者存焉。由是論之。崇奉君臣。不翅千萬。而佛若無補。則當時君臣。盡皆非
乎。廢斥君臣。不過數三。而佛若有害。則當時君臣。盡皆是乎。果以崇奉爲非。則漢明
諸君。劣乎魏武。而宋景短於張賓之儔也。果以廢斥爲是。則周武諸君。拔乎唐宗。而
崔浩賢於傅毅之徒也。雖然論治日。則必曰漢唐。而未聞傳宋有邪僻之心也。語亂
世則必稱魏周。而未聞崔張有經綸之手也。

15.

殿下必謂綜核諸史。斷無佛說。臣亦擧數史而質之。昔孔子問禮於老子。學琴於師
襄。問樂於萇弘。學官於郯子。皆有所取。而其修春秋也。則郯子得書乎經。而釋之
者錄其官名之說。三子不書乎經。而編之者黜其方技之術。襄弘諸子。豈不若郯子賢
哉。盖官名所以關於世教者也。方技所以脫於國經者也。是故歐陽脩宋祈修唐史
也。則歐公偏削惠淨等迹。而唯存一行大衍之作。宋公並刪玄裝等傳。而獨著道弘
地理之說。淨裝諸師。豈不及行弘韋哉。盖大衍所以統天時者也。地理所以係人事
者也。見取於史筆宜矣。司馬光修通鑑也。則太宗紀所載。與傅奕試呪之類。揚而通
書。與玄琬談道之比。抑而不載。豈試呪爲優而談道爲劣哉。盖試呪好事者。孟浪所
提故。引之而貶訕佛氏之虛也。談道探理者。瞶堂所輯故。黜之而諱却佛氏之實也。
然則抑此三史。法彼春秋而作也。雖然彼春秋。則必無私挾。而此三史。則互有偏

疾。其於釋氏。家者黜而諱之。虛者引而貶之。豈皆董狐之筆哉。此所以佛說之不載
於史氏者也。

16.

殿下必謂無佛之前。國治邦寧有僧之後。年天運促。臣亦擧前代亂亡之世而質之。亂
亡之世。不可勝記。略擧數代焉。賊人多殺。孰如夏桀乎。殘義損善。孰如殷紂乎。貪
權好功。孰如秦皇乎。

16-1

夏桀之爲君也。貪固肆虐。力能伸鉤。悅婦寵於瓊宮瑤臺。彈民財於肉山脯林。酒爲
池則千人俯飲。糟築堤則十里延望。滅德作威。不忍其荼毒。耽婬縱暴。盡墜其塗
炭。是以天降夏氏有罪之罰。人懷時日曷喪之怨。於是成湯行誓衆之征。仲虺作諭王
之誥。遂使河濟失湯池之固。泰華摧盤石之堅。伊闕割南阻之險。羊腸崩北備之完。
放之南巢。走於鳴條。身終遷死。國亦隨亡。故湯誓曰。天命殛之。

16-2

殷紂之爲君也。言能飾非。智足拒諫。窮奢侈於玉盃象箸。重刑辟於炭火銅柱。厚賦
稅則財寶鹿臺。行殘害則衆盈鉅橋。炮烙忠良。斷朝涉之兩脛。刳剔諫輔。剖比干之七
竅。是以天怒商罪貫盈之虐。民抱乃汝世讎之冤。於是武王勗如熊之夫。太公扶叩馬

298

之士。遂使商郊爲鳴鏑之場。牧野作倒戈之地。孟門騰太行之塵。恒山沸大河之浪。師
會若林。血流標杵。寶玉俱焚。身國並滅。故泰誓曰。天命誅之。

16-3

秦皇之爲君也。天性剛戾。素心貪殘。劉仁義於坑儒焚書。崇事業於頌功封祀。患胡
虜則蒙恬北築萬里。慕神仙則徐市東入三山。畜聚人民。徙豪富於咸陽。焦勞心力。
作宮庭於渭南。陵夷至於胡亥。姦回逞志。蔓衍及於子嬰。宗祀不血是以壁返鎬池
之君。鮑瀆輼輬之魄。於是劉邦虵據乎沛西。項籍虓嚙乎山東。遂使關中迎爭鹿之
戰。霸上送納羊之降。殺涵轟伐戮之聲。隴蜀漲腥膻之氣。弒身望夷。繫頸軹道。萬
歲之計。二世而亡。故賈誼曰。仁義不施。此數君之世。可謂无佛而敗亡相尋。年祚亦
促。此非有僧而致然者明矣。

17.

17-1

嗚呼异哉。若稽我東之前錄。則梁送佛舍利于新羅。百官郊迎。自爾梵宇崎嶇。尊容
燦爛。神僧間生。異釋繼出。訪道西遊。則或舫渤桴溟。得法東還。則或居麗止濟。三
國王臣。莫不駿奔而遵。雀躍而奉。至於剪鬚落髮。灼指燃身。期爲壽國祐家之助。而
新羅歷年九百九十二年。高麗歷季七百五年。百濟歷季六百一十八年。此時未聞佛
之有害於治道也。

17-2

逮夫王氏之統合也。玄綱振紐。道樹增芽。宰輔之冠冕。人倫之羽儀。靡不倒心而歸投。翹首而佇仰。或至於王族之爲尼爲僧者。間常有之。冀爲過惡弘善之本。而王氏曆季四百七十五年。此嘗亦未聞佛之有害於治道也。

17-3

恭惟我太祖大王殿下。應天啓運。制惡除兇。當鴻號四七之符。禦龍飛九五之位。欽明文思。邁絕百王。濬哲溫恭。宰籠千聖。草昧之初。權輿之後。栖神鷲嶺。致情鷄園。訪得無學。定都漢陽。太宗大王。允執厥中。克肖其德。蘊東征西怨之慶。貯扶老携幼之仁。去殺勝殘。輒解湯綱。寬刑赦罪。爰停禹車。問安之暇。垂拱之餘。鉤深覺苑。索隱空宗。至于世宗文宗。克愼厥緒。篤叙乃功。世祖大王。丕顯文謨。維揚武烈。承崇德尙賢之統。立論道經邦之威。聖神聰明。用勸嘉績。嚴恭寅畏。允恊英姿。輪昇惠日。皷振眞風。迄于成宗中宗。嗣厥休命。傳此風規。特設僧科。例同國試及乎明宗宣宗。敢勤厥訓。祗服斯猷睿聖仁祖大王殿下。集厥大勳。顧諟明命。行救亂誅暴之道。奮臨危制變之權。莠薅必鋤。四罪能施。稼穡必念。六責自全。實曠古難雙之眞主也。亦超今永隻之聖君也。然而蓮藏之詮。菩提之道。存而不革。培而不剪。文子文孫。乃繼乃承。享一人有慶之禎。垂萬歲無疆之業。此時亦未聞佛之有害於治道也。周頌曰。念玆皇祖。魯頌曰。昭假烈祖。伏願殿下。念玆烈祖。禹謨曰。念玆在玆。君陳曰。無忝祖考。伏願殿下。念玆祖考。

18.

凡天下未有無佛之國。雖彫題漆齒之邦。罾飮魋結之俗。卉服毛茹之疆。文身被髮之域。九夷八蠻之外。五戎六狄之間。咸皆有僧。蒙其君長之化。全其操守之節。況殿下之懿德涵於禽獸至仁浹於草管。豈隘牛羊互易之生哉。豈偏木鴈異喜之殺哉。

19.

謹案釋譜。國師道詵。我東之聖僧也。入唐受法於一行。一行者。尹愔所謂聖人者也。膺洛下閎六百年之讖。推大衍數。糾其數家之繆。詵盡傳其妙。秘而東歸。縕天地。貫幽冥。陟巘登巒。歷銓建寺。爲一千五百裨補之所。裨補者。裨補國家之謂也。其地勢冣靈。則必讖云。此寺興則此國興。其言恐訹狂妄則已。其術神異徵驗。則寺宇之刱。有益於國家。無損於治道者亦明矣。近世澆灕。名籃巨刹。鞠爲火熸。又爲勢奪。元氣剝喪。山脉凋零。佛將亡耶。國將興耶。雖然以讖觀之。寺宇之成毁有。則國家之興亡繫焉。臣常爲國痛之。爲國危之。

20.

又勘僧史。帝王之興也。必訪尊宿。立國師之號。國師者。師補國君之謂也。其道望冣高。則必記云。國之將興。神僧出。以中國言之。漢明之於摩騰。梁武之於寶誌。隋祖之於智顗。唐宗之於玄奘。宋祖之於麻衣是也。以我東言之。新羅之於墨胡。高麗之於順道。百濟之於難陁。松嶽之於道詵。漢陽之於無學是也。其人黠頑欺謎則已。其道恢弘廣達。則神僧之出有益於國家。無損於治道者亦明矣。近世荒唐。碩德煙消。開士漚滅。又屬斗絕。道統陻塞。禪林蕪穢。佛將衰耶。國將盛耶。雖然以記觀之。神僧之出沒有則國家之盛衰係焉。臣常爲國慨然。爲國愀然。噫合而觀之。有寺則在所益矣。無僧則在所損矣。治道之益損。亦預乎其間。而何必曰除僧毀寺。然後爲治平者哉。臣非架空而誣罔於殿下也。殿下涉獵圖史。曉達古今。廢寺而勃興者。有幾君乎。存僧而忽亡者。有幾主乎。

21.

且僧有尼衆。始於漢世。當時王婕妤等。與宮媛二百三十餘人。厭俗歸眞呂惠卿等。與道士六百二十八人。投簪被衲。顯宗建寺十所。城內三寺安尼婕妤等住之。城外七寺安僧。惠卿等住之。所以限內外者。男女有別故也。至於我東。其揆亦行。夫慈壽仁壽兩院在宮掖之外。即先后之內願堂也。奉恩奉先兩寺。在陵寢之內。即先王之外願堂也。所以限內外者。亦男女有別故也。此非一朝一夕之刱。實是先王先后之制也。與國同興。與國同亡。有成則國之慶也。有毀則國之殃也。故大雅曰。人之云亡。心之憂矣。

22.

兩院廢則殿下之憂也。小雅曰。瓶之罄矣。惟罍之恥。兩寺衰則殿下之恥也。今兩院盡廢。放黜尼衆。兩寺盡棄。削沒奴婢岧嶢寺院。帶殷墟之慘。清淨僧尼。含楚囚之悲繪像雕容。傷心於巷婦。方袍圓頂。拭淚於閭兒。殿下之寬。有何所忌。而黜先后內願堂之尼衆乎。殿下之富。有何所乏。而削先王外願堂之奴婢乎。穆子曰。棄舊不祥。今日之不祥。孰若寺院之廢棄哉。鄅子曰。余无歸矣。今日之無歸。孰若尼衆之放逐哉。以天理言之。循先王先后之法則順也。以人事言之。從一朝一夕之議則背也。故太甲曰。率乃祖攸行。洛誥曰。篤前人成烈。苟如是則順天理者也。左傳曰。不忘先君禮記曰。受命于祖。不如是則背人事者也。

23.

姑以君民語之。有君則必有民。故詩云。我獨非民。書云。可愛非君。尼衆豈非殿下之民。而殿下豈非尼衆之君哉。民以君戴。君以民使。故在民義當愨謹。在君愛宜寬仁。此尊卑之名分。上下之安寧也。若放尼果是。則先靈有愧於殿下矣。若廢院果非。則殿下有負於先靈矣。噫。推而觀之。存院則在所順矣。放尼則在所背矣。政體之順背。亦與乎其間。而何必曰。罷院黜尼。然後爲仁政者哉。臣非鑒虛。而眩亂於殿下也。殿下孝感天心。明通人道。思先后之遺範。則忍黜其尼衆乎。念先王之舊模。則忍削其奴婢乎。

24.

且寺設聖位。始於唐世。禪師道義。建金閣寺。代宗助以二稅。設高祖太宗已下七聖位。各以帝號標其上。立百僚於光順門。迎入寺內。以次致祀。自是歲爲常准。于時太

廟二宮。生靈芝帝。賦詩美之。至於我東。盖取諸此。夫聖位之設於內外願堂者。數百
季矣。此非曰可曰否之端。實是乃敬乃重之儀也。今一朝瘞於沙土之中。壇墠既崩。禘
袷斯絶。聖慮必謂處非其地。不宜設而然歟。抑世數久遠。不應存而然歟。若曰處非
其地。則當時之識見未高。非殿下之失也。若曰世數久遠。則前代之經典有據。非沙
土之瘞也。殷有三宗。周有七廟。是謂宗廟。宗廟之法。古者祧主。藏於太祖廟之東西
夾室。未聞瘞於沙土之中也。至周則昭之遷主。藏於文王之廟也。穆之遷主。藏於武
王之廟也。亦未聞瘞於沙土中也。況始祖百世。無遞遷之義。今寺院本稱佛宇。則雖
非其地。旣設聖位。則實同宗廟。昔子產不毀鄉校。孔子仁之。李榮議毀廟主。韓愈非
之。況我太祖已下列聖。是何等尊靈。而忍以泥塵瘞其標號之主哉。蔡墨曰。不廢舊
績。國之舊績。曷若壇墠之位乎。子魚曰。以率舊職。國之舊職。曷若禘袷之祀乎。以
天理言之。遵迺敬迺重之蹟則得也。以人事言之。起曰可曰否之諍則失也。故商書曰。
監于先王成憲。周書曰。欽若先王成烈。苟如是則得天理者也。需之九三曰。敬慎不
敗。困之九五曰。利用祭祀。不如是則失人事者也。

25.

臣以年月考之。旱饉始於瘞主之歲。于今四載。秋穀退鎌。饐飿辭黼。持男易粟。則夫
妻對泣。鬻子謀生。則父母相離。流亡者蔽路。餓莩者塡衢。劉夏曰。神怒不歆其祀。
或者先靈怒。不歆祀而致此耶。晏子曰。神怒不饗其國。或者先靈怒。不饗國而至是
耶。不然。豈今至德之治世。有此不雨之連年哉。此必然而無疑者也。將今視古尤有

甚戎。作俑雖微。大聖知俑人之無後。埋石雖小。神釋諭石氏之致亡。矧今聖位。乃木子也。其於穿坎而故坑之。爲何如哉。姑以祖孫語之。有祖則必有孫。故書云。視乃烈祖。詩云。於赫湯孫。聖位豈非殿下之祖。而殿下豈非聖位之孫乎。孫以祖承。祖以孫永。故在孫孝。當追思。在祖靈。合陰隲。此幽明之常理。死生之本然也。若瘞主果是。則先靈無怒於殿下矣。若廢祀果非。則殿下無報於先靈矣。噫。逆而觀之。設位則在所得也。停祀則在所失也。敎化之得失。亦出乎其間。而何必曰。毀位廢祀。然後爲德敎者哉。

26.

臣非踵訛而僭議於殿下也。殿下道貫天人。學臻深奧。憫壇墠頹崩。則忍瘞其標主乎。愴禘祫之停絶。則忍廢其享祀乎。詳而論之。兩寺不可衰也。兩院不可廢也。二事不兼。則寧衰兩寺也。尼衆不可黜也。聖位不可瘞也。二事不兼。則寧黜尼衆也。雖然此不得已之說也。據實而言之。皆不可也。何者。自瘞主之往年。至放尼之今年。則風雨時乎。陰陽調乎。五穀熟乎。百姓樂乎。前年之旱。甚於往年。而今年又甚於去年。則又安知明年之不甚於今年哉。伏願殿下。上體祖宗奬順之意。下察臣愚敢諫之誠。深追既往。不塞將來。則先靈有眷顧之佑。殿下無廢革之。人靈咸悅。神鬼盡歡。五典克從。百揆時敘。齊七政於天時。睦九族於民類。處處有鼓腹之歌。人人無瘝額之歎。太平可致矣。洪祚可延矣。臣於先朝。猥蒙知名故。敢於今日。不避隕命焉。不勝屛營悑慄之至。謹昧死以聞。

백곡 처능 연표 : 세수 64세 법랍 49년(1617. 5. 3.~1680. 7. 1.)

1616년(광해 8년)	0세. 인도 승려가 구슬 2개를 주는 것을 어머니가 삼키고 임신함.
1617년(광해 9년)	1세. 아버지 전씨와 어머니 김씨 사이에서 5월 3일에 탄생함.
1628년(인조 6년)	12세. 벽암 각성(1575~1660)의 제자인 의현義賢에게 출가함.
1633년(인조 11년)	17세. 속리산을 떠나 경기도 양수리 인근의 동양위 東陽尉 신익성申翊聖(1588~1644) 문하에서 승려의 신분으로 유학과 시문을 수학함.
1634년(인조 12년)	18세. 출가 스승인 의현이 입적함.
1636년(인조 14년)	20세. 4년간의 유학과 시문 수학을 마침. 지리산 쌍계사의 벽암 각성을 찾아가 법사로 모시고 20년간 수학함. 벽암 각성의 뜻을 받들어 신익성에게 완주의 〈송광사개창비松廣寺開創碑〉를 받아옴.
1637~1640년	21~24세. 법기보살의 성산聖山인 금강산과 지장보살 성산인 보개산寶蓋山, 그리고 서산 대사가 주석했던 묘향산妙香山 등을 유력함.
1641년(인조 19년)	25세. 완주 송광사 삼세불상三世佛像의 대화사大化士로 참여함.

306

1642년(인조 20년)	26세. 해인사에서 허응 보우의 《수월도량공화불사여
	환빈주몽중문답水月道場空花佛事如幻賓主夢中問答》(
	전1권)의 간행 때 발문을 지음.
1646년(인조 24년)	30세. 글공부가 원숙해져서 문명文名이 널리 떨쳐,
	잠저潛邸 시절의 효종에게까지 알려짐.
1649년(인조 27년)	33세. 지리산 화엄사에서 개최된 인조의 천도를 위
	한 도량천복道場薦福에서 소문疏文을 작성함.
1652년(효종 3년)	36세. 경기도 광주 봉은사 삼세불상의 진금대화사眞
	金大化士로 참여함.
	보은 법주사에서 장육금신상丈六金身像을 중수함.
	대둔산 안심사安心寺를 주된 주석처로 삼음.
1657년(효종 8년)	41세. 벽암 각성이 찬술한 《석문상의초釋門喪儀抄》의
	발문을 지음.
	《임성당대사행장任性堂大師行狀》 1권을 찬술함.
	안심사에서 개당開堂하고, 본격적으로 가르침을 설하
	기 시작함.
1660년(현종 1년)	44세. 법사인 벽암 각성이 입적함.
1661년(현종 2년)	45세. 8,150자에 달하는 〈간폐석교소諫廢釋教疏〉를
	상소하여 현종에게 불교 탄압의 부당성을 주장함.
	대둔산 안심사에서, 청허 휴정의 《심법요초心法要

	抄》 간행과 관련된 〈서문〉을 지음.
1666년(현종 7년)	50세. 남한산성의 승려를 총괄하는 승통僧統에 제수되었으나 부임하지 않음.
1667년(효종 8년)	51세. 전라남도 낙안 금화산 징광사澄光寺에서 벽암각성의 《석문상의초》를 간행함.
1670년(현종 11년)	54세. 남한산성 도총섭에 제수되어 3개월간 부임하고 사임함.
1671년(현종 12년)	55세. 여주 신륵사의 〈신륵사나옹비神勒寺懶翁碑〉의 중수와 관련된 〈서문〉을 찬술함.
1673년(현종 14년)	57세. 양주 불암사에서 간행 중인 《석씨원류釋氏原流》의 〈발문〉을 지음.
1678년(숙종 4년)	62세. 순천 송광사 〈송광사보조국사비松廣寺普照國師碑〉의 중건에 참여함.
1680년(숙종 6년)	64세. 김제 모악산 금산사에서 5일간 대법회를 주관함. 6월 20일 가벼운 병증이 나타나고 7월 1일 금산사에서 입적하니, 세수 64세에 법랍 49년임. 이후 부도가 금산사와 안심사 그리고 계룡산 신정사神定寺(현 신원사)에 건립됨.
1683년(숙종 9년)	문집인 《대각등계집大覺登階集》(속칭 백곡집) 2권이 간행됨.

백곡 처능 관련 번역서와 연구 목록

• 번역서

김기영 역주, 《현정론·간폐석교소 — 조선 시대의 호불론》, 서울 : 한국불
교연구원, 2003

동국역경원 역, 《백곡집 외》, 서울 : 동국역경원, 2009

임재완 역주, 《대각등계집》, 서울 : 동국대학교출판부, 2015

• 학위논문

김기영, 〈조선 시대 호불론 연구 — 함허와 백곡을 중심으로〉, 서울 : 동국
대 박사학위논문, 1999

남희수, 〈백곡 처능의 활동과 호불상소〉, 서울 : 동국대 석사학위논문,
2005

이규정(원행), 〈조선 초기 관료들의 성리학적 정치 이념과 함허 선사의 《현
정론》에 관한 연구〉, 서울 : 한양대 박사학위논문, 2013

• 학술논문

김기영, 〈불교 무용론에 대한 백곡의 호불론 연구〉, 《불교연구》 17, 한국불
교연구원, 2000

김주호, 〈백곡 처능 선사의 시 세계〉, 《동악한문학논집》 7, 동악한문학회,
1994

김영태, 〈이조대의 불가상소〉, 《불교학보》 10, 동국대학교 불교문화연구원,

1973

김용조, 〈백곡 처능의 '간폐석교소'에 관한 연구〉, 《한국불교학》 4, 한국불교
학회, 1979

김용태, 〈조선 시대 불교의 유불공존 모색과 시대성의 추구〉, 《조선시대사
학보》 49, 조선시대사학회, 2009

염중섭(자현), 〈'간폐석교소'의 이방역 비판에 대한 종합적 고찰〉, 《문정왕후
와 백곡처능의 호법활동 학술세미나 발표집》, 김포 : 중앙승가대 불교학
연구원, 2018

오경후, 〈조선 후기 불교 정책과 대응론 — 백처능의 '간폐석교소'를 중심으
로〉, 《역사민속학》 31, 한국역사민속학회, 2009

이규정(원행), 〈백곡 처능 대사의 '간폐석교소'〉, 《문정왕후와 백곡 처능의
호법활동 학술세미나 발표집》, 김포 : 중앙승가대 불교학연구원, 2018

차차석, 〈백곡 처능의 간폐석교소와 탈유교주의〉, 《제2회 광해군추선기념
학술세미나 발표집》, 남양주 : 봉인사, 2009

황인규, 〈조선전기 불교계 고승의 상소 검토〉, 《한국불교학》 43, 한국불교
학회, 2005

———, 〈백곡 처능의 생애와 호법 활동〉, 《문정왕후와 백곡 처능의 호법 활
동 학술세미나 발표집》, 김포 : 중앙승가대 불교학연구원, 2018

| 수록 사진 |

백곡 처능, 조선 불교 철폐에 맞서다

초판 1쇄 펴냄 2019년 8월 10일
초판 3쇄 펴냄 2019년 8월 20일

지은이   벽산 원행 · 자현
발행인   정지현
편집인   박주혜

사장   최승천
편집   서영주 신아름
디자인   이선희
마케팅   조동규 김영관 김관영 조용 김지현

펴낸곳   (주)조계종출판사
출판등록   서울 종로구 삼봉로 81 두산위브파빌리온 230호
           제2007-000078호(2007.04.27.)
전화   02-720-6107~9   팩스   02-733-6708
홈페이지   www.jogyebook.com
구입문의   불교전문서점(www.jbbook.co.kr) 02-2031-2070~1

ⓒ 벽산 원행 · 자현, 2019
ISBN   979-11-5580-124-6

백곡 처능(1617~1680)

백곡은 광해군 8년인 1616년 인도 스님에게 구슬 2개를 받아 삼키는 태몽 속에 잉태되어, 이듬해인 5월 3일 아버지 전씨와 어머니 김씨 사이에서 탄생했다. 이후 12세에 벽암 각성의 제자인 의현에게 출가하고, 17세부터 20세까지는 선조의 부마인 신익성에게 승려의 신분으로 유학과 시문을 수학한다. 이는 백곡이 유학과 역사 및 시문에 능한 배경이 되는데, 이로 인해 문장가로서의 명성을 크게 떨치게 된다.

이후 20여 년간 사법 스승인 벽암 각성을 모시며, 전란 과정에서 파괴된 사찰과 민중을 추스르는 실천행을 한다. 그러다 45세가 되던 1661년 현종과 유교 대신들이 불교를 말살하려는 움직임을 보이자, 목숨을 내놓고 불교 탄압의 부당함을 주장하는 〈간폐석교소〉를 올린다. 이로 인해 폐사의 위기에 직면했던 봉은사와 봉선사가 존치될 수 있게 된다. 50세에 백곡은 정부로부터 남한산성 승통(僧統)에 제수되며, 54세에는 남한산성 도총섭에 오른다. 그러나 중생구제를 더 중시한 백곡은 오래지 않아 사임하고, 교화와 수행에 매진한다. 1680년 64세의 고령으로 모악산 금산사에서 5일간의 대법회를 주관하고, 6월 20일 가벼운 병증이 나타나 7월 1일 금산사에서 평온한 입적에 든다.